guia
prático do
português
correto vol. 2

para gostar de aprender

MORFOLOGIA

FORMAÇÃO DE PALAVRAS

FLEXÃO NOMINAL

CONJUGAÇÃO VERBAL

Livros do autor publicados pela **L&PM** EDITORES:

100 lições para viver melhor – histórias da Grécia Antiga
A guerra de Troia – uma saga de heróis e deuses
Guia prático do Português correto – vol. 1 – Ortografia
Guia prático do Português correto – vol. 2 – Morfologia
Guia prático do Português correto – vol. 3 – Sintaxe
Guia prático do Português correto – vol. 4 – Pontuação
Noites gregas – histórias, mitos e encantos do Mundo Antigo
O prazer das palavras – vol. 1
O prazer das palavras – vol. 2
O prazer das palavras – vol. 3
Um rio que vem da Grécia – crônicas do Mundo Antigo

CLÁUDIO MORENO

guia prático do português correto vol. 2

para gostar de aprender

MORFOLOGIA

- **FORMAÇÃO DE PALAVRAS**
- **FLEXÃO NOMINAL**
- **CONJUGAÇÃO VERBAL**

www.lpm.com.br

L&PM POCKET

Coleção L&PM POCKET, vol. 391

Texto de acordo com a nova ortografia.
Primeira edição na Coleção L&PM POCKET: outubro de 2004
Esta reimpressão: agosto de 2019

Projeto gráfico e capa: Ana Cláudia Gruszynski
Revisão: Jó Saldanha, Renato Deitos e Elisângela Rosa dos Santos
Revisão final: Cláudio Moreno

ISBN 978.85.254.1412-0

M843g	Moreno, Cláudio
	    Guia prático do Português correto, volume 2: morfologia / Cláudio Moreno. – Porto Alegre: L&PM, 2019.
	    240 p. ; 18 cm. – (Coleção L&PM POCKET, v. 391)
	
	    1.Português-morfologia. I.Título. II.Série.
	
	                                    CDU 801.3=690(035)

Catalogação elaborada por Izabel A. Merlo, CRB 10/329.

© Cláudio Moreno, 2004
e-mail do autor: cmoreno.br@gmail.com

Todos os direitos desta edição reservados a L&PM Editores
Rua Comendador Coruja, 314, loja 9 – Floresta – 90.220-180
Porto Alegre – RS – Brasil / Fone: 51.3225.5777

Pedidos & Depto. Comercial: vendas@lpm.com.br
Fale conosco: info@lpm.com.br
www.lpm.com.br

Impresso no Brasil
Inverno de 2019

À memória de Joaquim Moreno, meu pai,

e de Celso Pedro Luft, mestre e amigo.

Sumário

Apresentação 15

I. Essa palavra existe? 17
assessoramento 19
nomes comerciais em X 20
motinho 22
guarda-chuvinha 23
absenteísmo 24
adjetivos gentílicos 25
aidético 27
Alcorão ou **Corão?** 29
datiloscopista 30
deletar 31
elegantíssimo ou **elegantérrimo?** 32
eletrocussão 35
esterçar 38
existe **excepcionação?** 41
gay ou **guei?** 43
herbicidar? 45
hétero, héteros 46
litigância ou **litigação** 48
maniático 50
música, musicista 52
plúmbeo 53
dolorido e **doloroso** 54
importância dos afixos 56
emboramente, apenasmente 58
bonitíssimo 59
malformação 61
vaga-lume 63
inversível ou **invertível?** 65
sorvetaria 67

- **soteropolitano** 68
- **cecê** 70
- **cabeçada** e **cabeceada** 71
- **trissesquicentenário** 73
- **desinquieto** 74
- O **-ipe** de **Sergipe** 75
- **Curtas** 77
- **lacração** ou **lacreação** 77
- **anatomia** 77
- **descriminar** 78
- **perviedade** 78
- **amêndoa** e **amendoim** 79
- morador de ilha 79
- **imbricamento** 79
- **guarda-noturno** não é derivado 80
- **viçosidade** 80
- **continuação, continuidade** 81
- profissão: **boquista** 81
- vocábulo inexistente 82
- **atingimento?** 82
- diminutivo de **texto** 83
- **overdose, superdose** 83
- **disponibilizar** 84
- antônimo de **inadimplente** 85
- **leitão** é aumentativo? 85
- aumentativo de **pão** 86
- **colherinha** ou **colherzinha?** 86
- **trailer, trêiler** 86
- **portfolio, portifólio** 87
- **onzentésimo?** 87
- formação de adjetivo 88
- aumentativo de **rio** 88

2. Como se usa: morfologia e flexões 91

gênero dos países 93
a **cal** 94
nenhuns..95
ela foi o **segundo juiz**..97
árbitra 99
aluguéis ou **alugueres**? 101
softwares..101
cenoura ou **cenoira** 103
degrais? 105
plural de **sim** e de **não** 106
hambúrgueres 107
masculino de **formiga** 108
membra 110
memorando..112
o Recife? 113
plural de **papai noel** 115
perca? 116
afegão, afegãos 116
plural de **Molotov** 119
plural de **real**..120
pluralia tantum 121
poeta ou **poetisa**..122
coletivo de **leão** e de **rato** 123
obrigado 126
generala: o feminino de postos e cargos..........128
o ou **a personagem**? 130
plural dos compostos..133
vocábulos compostos: interpretação......................135
os sem-terra..138
plural dos compostos: **Estados-Nação**............139
surdo-mudo 141
superlativos eruditos 143
o gênero de **champanha** 145
mais bom ou **melhor**? 148

plural das siglas 150
Curtas 152
plural de **porta-voz** 152
plural de **garçom** 152
pastelzinho, pasteizinhos 153
coletivo de **urso** 153
elefanta, elefoa 154
coletivo de **borboleta** 154
gentílico de **Groenlândia** 154
macaco tem aumentativo? 155
plural de **médico-hospitalar** 155
plural de **refil** 155
plural de **beija-flor** 156
plural de **gado** 156
diminutivo de **álbum** 156
coletivo de **cobra** 157
feminino de **réu** 157
anfitriã ou **anfitrioa** 158
plural de **vice** 158
plural de **segunda-feira** 158
feminino de **reitor** 159
diminutivo de **vizinho** 159
plural de **guarda-sol** 160
plural de **quebra-sol** 160
plural de **curriculum vitae** 161
feminino de **boi** 161
plural de **pôr-do-sol** 161
curriculuns? 162
plural de **curta-metragem** 162
coletivo de **corvo** 162
coletivo de **mosquito** 163
segundas-vias 163
tigresa 164
autoelétrica 164

federal, **federais**	165
plural de *fax*	165
gênero de **omelete**	165
tunelão?	166
os guarani?	166
plural de *curriculum vitae*	167
gênero de **marmitex**	167
felicidade tem plural?	168
plural de **troféu**	168
plural de **arroz**	168
plural de **histórico-literário**	169
real tem plural?	169
feminino de **beija-flor**	169
malas-diretas	170
búfala	170
churros	171
muito dó	172
gênero de **paradigma**	172
formanda	173
situação-problema	173
normas-padrão	174
gênero de **mascote**	174
masculinos terminados em **A**	175
3. Como se conjuga	177
pego e **chego**	178
particípios abundantes	180
eu tinha "**compro**"?	182
soer	183
abram alas	184
adequo rima com **continuo**?	185
eu compito	188
presente histórico	189
quer que eu vou?	191

suicidar-se	192
vimos ou **viemos**?	194
lê ou **leia**	195
Chico também escorrega no imperativo	196
vem pra Caixa você também	198
irregular defectivo	200
por que o **O** vira **LO**?	201
cumprimentamo-lo	205
presente indicando futuro	206
vou ir	208
vinha vindo	211
explodo?	213
Curtas	215
comunicamos-lhes	215
tu foste, tu foi	216
se eu vir você	216
trazido, trago	217
possuir e **concluir**	217
se eu vir	218
intermediar	218
deparar é pronominal?	219
ungir	219
falir no presente	220
conjugação de **rir**	220
eleito e **elegido**	220
o presente como futuro	221
perda e **perca**	221
mais-que-perfeito	222
premia ou **premeia**?	222
interveio	222
mais-que-perfeito simples e composto	223
imperativo do verbo **ser**	223
o imperativo no **pai-nosso**	224
temos de fazermos?	224

vigendo 225
foi e **fora** 225
adivinha quem vem para jantar 225
flexão do infinitivo 226
casar, **casar-se** 226
prouve 227
baixai a gasolina 227
emprego do futuro do pretérito 228
redescubramos 228
indicativo *versus* subjuntivo 229

Apresentação

Este livro é a narrativa de minha volta para casa – ou, ao menos, para essa casa especial que é a língua que falamos. Assim como, muito tempo depois, voltamos a visitar o lar em que passamos nossos primeiros anos – agora mais velhos e mais sábios –, trato de revisitar aquelas regras que aprendi quando pequeno, na escola, com todos aqueles detalhes que nem eu nem meus professores entendíamos muito bem.

Quando, há alguns anos, criei minha página no Portal Terra (www.sualingua.com.br), percebi, com surpresa, que os leitores que me escrevem continuam a ter as mesmas dúvidas e hesitações que eu tinha quando saí do colégio nos turbulentos anos 60. As perguntas que me fazem são as mesmas que eu fazia, quando ainda não tinha toda esta experiência e formação que acumulei ao longo de trinta anos, que me permitem enxergar bem mais claro o desenho da delicada tapeçaria que é a Língua Portuguesa. Por isso, quando respondo a um leitor, faço-o com prazer e entusiasmo, pois sinto que, no fundo, estou respondendo a mim mesmo, àquele jovem idealista e cheio de interrogações que resolveu dedicar sua vida ao estudo do idioma.

Por essa mesma razão, este livro, da primeira à última linha, foi escrito no tom de quem conversa com alguém que gosta de sua língua e está interessado em entendê-la. Este interlocutor é você, meu caro leitor, e também todos aqueles que enviaram as perguntas que compõem este volume, reproduzidas na íntegra para dar mais sentido às respostas. Cada unidade está dividida em três níveis: primeiro, vem uma explicação dos princípios mais gerais que você deve conhecer para aproveitar melhor a leitura; em seguida, as perguntas mais significativas, com discussão detalhada; finalmente, uma série de perguntas curtas, pontuais, acompanhadas da respectiva resposta.

Devido à extensão do material, decidimos dividi-lo em quatro volumes. O primeiro reúne questões sobre **Ortografia** (emprego das letras, acentuação, emprego do hífen e pronúncia correta). O segundo, questões sobre **Morfologia** (flexão dos substantivos e adjetivos, conjugação verbal, formação de novas palavras). O terceiro, questões sobre **Sintaxe** (regência, concordância, crase e colocação de pronomes). O quarto, finalmente, será todo dedicado à pontuação.

Sempre que, para fins de análise ou de comparação, foi preciso escrever uma forma **errada**, ela foi antecedida de um asterisco, segundo a praxe de todos os modernos trabalhos em Linguística (por exemplo, "o dicionário registra **obcecado**, e não ***obscecado** ou ***obsecado**"). O que vier indicado entre duas barras inclinadas refere-se exclusivamente à pronúncia e não pode ser considerado como uma indicação da forma correta de grafia (por exemplo: afta vira, na fala, /**á-fi-ta**/).

1. Essa palavra existe?

Quando você quer saber se uma determinada palavra existe, a quem você recorre? Se responder ao dicionário, você estará se juntando à esmagadora maioria das pessoas que se preocupam com isso. Essa é uma crença comum a falantes de todas as línguas, fazendo o dicionário assumir um lugar tão proeminente e misterioso na vida das pessoas que ele passou a ser denominado de **o dicionário**, simplesmente, como se ele fosse um só, sempre o mesmo, como o *Velho Testamento*. Equivocadamente, as pessoas passaram a vê-lo como o registro civil de todo o nosso léxico, uma espécie de cartório de nascimentos onde os falantes podem conferir a existência ou não de um vocábulo.

Pois fique sabendo que tudo isso é pura fantasia: nenhum dicionário inclui todas as palavras presentes em uma língua – nem mesmo o *OED*, o famoso *Oxford English Dictionary*, com seus vinte volumes maciços; ele, como qualquer outro, também não passa de uma escolha, de uma seleção de palavras feita pelos seus autores. Além disso, pela criatividade infinita que caracteriza as línguas humanas, um dicionário jamais poderá ser uma lista completa, pois assim que uma edição fica pronta, ela já está desatualizada.

Fazer dicionários é sempre escolher. Não adianta – a grande função do dicionarista é escolher. O *Aurélio* traz as palavras que Aurélio Buarque de Hollanda escolheu apresentar, enquanto o *Houaiss* traz as palavras que Antônio Houaiss selecionou. Isso é fácil de constatar:

pegue duas palavras com um razoável intervalo entre elas (digamos, **casa** e **crisma**) e verifique quais (e quantas) cada um dos autores registrou entre esses dois limites. Você vai notar que um despreza palavras que o outro privilegia, seja por convicção pessoal, seja por simples economia de espaço.

Portanto, o fato de não encontrarmos uma palavra no dicionário não quer dizer que ela não tenha sido aprovada pelo dicionarista (supondo a hipótese impossível de que ele conheça todas); ela pode ter sido simplesmente omitida por razões que vimos acima. Já o contrário é bem mais significativo: quando ele coloca uma palavra na lista, é sinal de que ele reconhece essa palavra e acha importante sua inclusão, por ser usada por um número representativo de pessoas. Você começa a perceber, dessa forma, que **estar no dicionário** tem um peso diferente de **não estar no dicionário**. As pessoas reagem como se o fato de não encontrar uma palavra na lista fosse um sinal de **desaprovação** por parte do autor; muito eu já ouvi "Não está nem no ***Aurélio*!**", como se isso quisesse dizer alguma coisa. Na verdade, a exclamação que se aceita é "Já está até no ***Aurélio*!**". Este é o raciocínio. O dicionário vai ser sempre **incompleto**.

O processo mais produtivo de formação de novas palavras, no Português, é a **derivação**. De uma mesma base, podem-se formar substantivos, adjetivos ou verbos pelo acréscimo de **afixos** (prefixos ou sufixos). Como ainda não ocorreram todas as possibilidades de criação lexical, existem centenas de milhares de **vocábulos virtuais**, que aparecerão à medida que os falantes necessitarem deles. À pergunta "Existe **intensivista**, para designar quem é especializado nos equipamentos e procedimentos de Terapia Intensiva?", só podemos responder: pode existir; se não está no dicionário, é só uma questão de tempo.

Para concluir, eu gostaria de mandar um recado àqueles que resistem ao ingresso de palavras novas em nosso léxico e que tentam combater criações incontestáveis como **normatização**, **disponibilizar** ou **imexível**: o pior que pode acontecer a uma língua é o seu empobrecimento, não o seu enriquecimento.

assessoramento

*Caro Professor, gostaria de um esclarecimento sobre uma palavra que alguém que eu conheço insiste em usar: **assessoramento**. Essa palavra existe em Português? Não seria melhor usar **assessoria**? Por exemplo: essa pessoa usa "assessoramento técnico e comercial em transporte vertical". Isso é correto? Obrigada por sua ajuda.*

Marilena R. – Campinas (SP)

Cara Marilena: quanto ao **assessoramento**, o nosso idioma usa vários recursos para formar substantivos abstratos de ação a partir de um verbo: ou tira a terminação verbal e acrescenta simplesmente uma vogal (**roubar/roubo**; **trocar/troca**; **desgastar/desgaste**); ou acrescenta ao radical um dos sufixos especializados neste fim: **-mento** (**congelar/congelamento**); **-ção** (**explorar/exploração**); **-dura** (**benzer/benzedura**); **-ia** (**correr/correria**). O que ninguém jamais conseguirá explicar são os vínculos ocultos entre esses elementos todos, que nos fazem preferir **degelo** para **degelar**, mas **congelamento** para **congelar**. Por que não **degelamento**? Seria perfeitamente possível, mas não se formou, indicando que, entre as várias possibilidades, a forma **degelo** ganhou nossa preferência. E mais: se usamos **congelamento** aqui no Brasil, lembro que Portugal prefere **congelação** – usando uma das terminações que nossa língua admite para o mesmo radical. Por isso, é comum encontrarmos duas ou mais formas ainda disputando seu espaço; é o caso bem conhecido de **monitoração** e **monitoramento**, ambas bem formadas, que ficarão coexistindo até que uma delas vá ficando esmaecida. No meu dialeto pessoal, **assessoramento** e **assessoria** estão em pé de igualdade; nenhuma das duas tem minha preferência. Agora, como você mesma notou, ao seu colega soa melhor **assessoramento**, enquanto você prefere **assessoria**. Esse estado de indefinição pode durar décadas. Por isso, sossegue.

nomes comerciais em **X**

Por que há tantos nomes comerciais terminados em X? O Professor apresenta suas suposições.

*Caríssimo Professor: embora haja vocábulos bem antigos terminados em **X**, esse final me parece ter uma conotação de moderno e contemporâneo, sendo bastante utilizado para dar nome a produtos* que se querem associados à tecnologia, principalmente, como é o caso de **Vaspex**, **Sedex** e tantos outros que são criados diariamente (até mesmo o popularíssimo **Marmitex**). Minha pergunta é: de onde vem essa terminação? Quais foram seus precursores?

Wolney U. – Goiânia

Meu caro Wolney: a operação de batizar um produto industrial envolve muito mais que uma simples designação: é importante também que esse nome sugira qualidades desejáveis como modernidade, eficiência e respeitabilidade. Essa força evocativa das palavras fica naquele rincão misterioso que o linguista Roman Jakobson denominava de **função poética** da linguagem. Digo **misterioso** porque simplesmente ninguém explica por que uma determinada combinação de sons traz mais prestígio do que outras; o certo é que isso acontece, e os publicitários e homens de criação precisam ter sempre o ouvido muito atento.

Há fortes indícios de que o uso das terminações em **X** para marcas e produtos tenha vindo do Inglês. A presença, em muitos nomes compostos, de radicais como **flex**, **mix**, **max**, **fix**, **lux**, **vox**, mais o uso difundido do sufixo **high-tech** (já que estou falando do Inglês ...) **-ex**, que sugere a ideia de **excelência**, parecem ter carregado todos os nomes terminados em **X** com essa aura especial, reforçada por marcas de grande renome e qualidade, como **Rolex**, **Xerox**, **Pentax**, **Victorinox**, **Linux**, **Rolleiflex**. Na irrefreável globalização mercantil, muitos desses produtos entraram no Brasil, misturando seus nomes ao de produtos genuinamente nacionais, batizados também nesse novo estilo. Hoje, sem uma pesquisa cuidadosa nas juntas comerciais e nos registros de marcas, é praticamente impossível distinguir, a olho nu, quem é daqui e quem é de fora entre os seguintes nomes: **Ajax, Chamex, Colorex, Concremix, Durex, Errorex, Eucatex, Iodex, Marinex, Mentex, Panex, Paviflex, Repelex, Varilux, Zetaflex**. O inconfundível toque brasileiro: o professor Antônio José Sandmann, em seu *Competência Lexical*, menciona uma pequena firma de reparos domésticos de instalações elétricas e hidráulicas, no litoral do Paraná, que ostenta o vistoso e significativo nome de **Prajax**.

motinho

Se temos **tortinha** e **portinha**, por que uma moto pequenina não é uma **motinha**?

*Prezado Doutor: gostaria que você me ajudasse a resolver uma dúvida que já está virando assunto em todos os lugares que eu e meus amigos frequentamos: qual é o diminutivo de **moto** e **foto**? É **fotinho** ou **fotinha**? **Motinha** ou **motinho**?*

Gustavo A. – São Paulo

Meu caro Gustavo: embora a tradição gramatical considerasse **-inho** e **-zinho** como duas variantes do mesmo sufixo, hoje se sabe que são dois elementos completamente diferentes, quanto a sua natureza e quanto a seu comportamento. O elemento **-zinho** funciona como uma espécie de adjetivo preso ao vocábulo primitivo, mantendo com ele a mesma relação de concordância que os adjetivos mantêm com os substantivos: um cometA, um **cometazinhO**; um poemA, um **poemazinhO**; uma tribO, uma **tribozinhA**. O elemento **-inho**, no entanto, funciona como um sufixo especial, que conserva o A ou o O final do vocábulo primitivo, independentemente do gênero ser masculino ou feminino: um poemA, um **poeminhA**; um cometA, um **cometinhA**; uma tribO, uma **tribinhO**; um sambA, um **sambinhA**.

No Português, pouquíssimos são os vocábulos femininos que terminam em **O**: além de **tribo**, temos a **libido** (um latinismo importado por via científica) e os dois vocábulos que mencionaste, **moto** e **foto**, criados modernamente pela redução dos compostos eruditos **motocicleta** e **fotografia**. Por isso – se formarmos diminutivos usando **-inho** –, vamos ter a **motO**, a **motinhO**; a **fotO**, a **fotinhO**. É natural que as pessoas achem estranhas essas duas formas, dada a sua extraordinária raridade nos padrões do nosso vocabulário. Abraço.

guarda-chuvinha

Como se chama um guarda-chuva **pequenino? É um** guarda-chuvinho, **um** guarda-chuvinha **ou um** guarda-chuvazinho?

*Professor, numa reunião de família, em meio a muita brincadeira e descontração, surgiu uma dúvida interessante: qual é a forma correta de escrever o diminutivo de **guarda-chuva**? Já buscamos em diversos materiais e nada de sanar nossa dúvida. Aguardo resposta.*

Vanice – Bento Gonçalves (RS)

Minha cara Vanice: um guarda-chuva pequeno pode ser tanto um **guarda-chuvinha** como um **guarda-chuvazinho**. Na maioria dos substantivos de nosso idioma, podemos optar entre formar diminutivos com **-inho** e diminutivos com **-zinho**: **paredinha, paredezinha; livrinho, livrozinho; colherinha, colherzinha**; etc. Com **-inho**, fica conservada a vogal terminal do vocábulo primitivo: **poeta, poetinha; tema, teminha**, enquanto com **-zinho**, que tem um nítido caráter de **adjetivo**, aparece a terminação característica do gênero: um **poetazinho**; um **temazinho**.

Daí nasce a discrepância entre **guarda-chuvinhA** e **guarda-chuvazinhO** (friso: ambos estão corretos!). No primeiro, o **A** de **chuva** é conservado após o sufixo: **chuvinha**. No segundo, **-zinho** se acrescenta ao composto [**guarda-chuva**] com o elemento terminal característico do masculino (já que este é o gênero de **guarda-chuva**): **guarda-chuvaZINHO**. É complexo; não me admira que vocês tivessem dificuldades em encontrar a resposta.

absenteísmo

> O sufixo **-ismo** que está presente em **cristianismo** e **classicismo** não é o mesmo que aparece em **clientelismo** ou **denuncismo**.

*Caro Professor Moreno: estou em fase de redação de minha dissertação de mestrado e gostaria de orientação quanto à adequação das palavras **afastamento** ou **absenteísmo** para caracterizar a ausência do funcionário no trabalho por motivo de* *licença-saúde. Ressalto ainda que me refiro apenas a ausências justificadas por atestado médico.*

Denise B. – São José do Rio Preto (SP)

Minha cara Denise: acho que você deve evitar o vocábulo **absenteísmo** no seu trabalho. Os vocábulos em **-ismo**, outrora, eram usados exclusivamente para designar doutrinas, movimentos artísticos, estilos literários: **naturalismo**, **positivismo**, **classicismo**, **surrealismo**, etc. Modernamente, contudo, este sufixo também passou a intervir na criação de vocábulos em que se percebe uma nítida intenção de criticar o exagero, o excesso. É o caso de **consumismo**, **grevismo**, **assembleísmo**, **denuncismo**, etc. Em **absenteísmo**, como em **consumismo**, o sufixo **-ismo** indica a exagerada repetição ou intensificação de uma prática. **Consumista** é quem consome sem critérios; **absenteísta** é quem vive faltando a seu emprego ou a suas aulas. Fique com o **afastamento** – ainda mais considerando que se trata de licença-saúde.

adjetivos gentílicos

Uma leitora argentina quer saber se **brasileiro** é o único gentílico com essa terminação.

*Caro Professor: por que o adjetivo relativo ao Brasil é **brasileiro**, se este sufixo não é usado em nenhum outro caso para derivados de nomes geográficos?*

Paula Velarco – Buenos Aires (Argentina)

Você tem razão em estranhar, Paula, mas verá que há uma boa explicação para isso. Nosso idioma dispõe de vários sufixos para obter o mesmo resultado; por exemplo, na formação de substantivos abstratos de **ação** (aqueles que derivam de verbos), o Português, entre outros, pode usar **-mento (tratamento, abalroamento)**, **-dura (andadura, varredura)**, **-ção (descrição, provocação)** ou **-agem (passagem, regulagem)**. Não existe um padrão que determine qual desses sufixos vamos usar; a seleção se dá, caso a caso, por critérios que ainda não foram bem estudados. O mesmo vai ocorrer com os adjetivos gentílicos. Nossos sufixos mais produtivos para esse fim são **-ano**, **-ense** e **-ês**, mas também temos adjetivos em **-ino**, **-ista**, **-ão**, **-ita** e **-enho**, entre outros:

-ENSE: amazonense, catarinense, maranhense, rio-grandense (é o mais usado nos gentílicos brasileiros).
-ÊS: português, chinês, neozelandês, calabrês, holandês.
-ANO: americano, italiano, californiano, baiano, boliviano.
-INO: belo-horizontino, bragantino, argelino, marroquino, londrino, florentino.
-ÃO: alemão, lapão, afegão, catalão, coimbrão, gascão, parmesão (de Parma).
-ITA: israelita, iemenita, moscovita, vietnamita.
-ENHO: costa-riquenho, hondurenho, porto-riquenho (de topônimos do espanhol).
-ISTA: santista, paulista, campista (raro).

O sufixo **-eiro**, por sua vez, é muito usado para indicar profissão ou atividade: **jornaleiro**, **sapateiro**, **cabeleireiro**, **ferreiro**. Isso explica por que os nascidos no Brasil são **brasileiros** (e não **brasilianos** ou **brasi-**

lenses): essa era a denominação dos que trabalhavam, nos primeiros dias do Descobrimento, na extração do pau-brasil e passou a designar todos os que nasciam aqui nesta terra. Da mesma forma, chamamos de **mineiros** os que nascem em Minas Gerais, palavra que já existia como profissão. Como podes ver, gentílicos com a terminação **-eiro** são muito raros e não devem chegar a meia dezena. Não me admira que você, falante nativa de outro idioma, tivesse percebido a estranheza dessa formação.

aidético

Um médico infectologista lamenta o emprego indiscriminado do termo **aidético**; o Professor explica o que está havendo.

*Caro Professor: entre nós que trabalhamos com doenças infecciosas – eu sou médico infectologista – a palavra **aidético** tem uma conotação pejorativa. É como se nós nos referíssemos a um paciente com câncer como **canceroso**. Para mim, ainda mais, não havia razão para a sua existência, já que a raiz **aids** não daria **aidético**, no máximo um **aidesético**.*

*Para minha surpresa, o dicionário **Aurélio** registra o termo sem nenhum alerta sobre o seu uso perigoso. E eis que o **Houaiss** vem e faz o mesmo. Esses nossos dicionaristas não estariam aceitando termos acriticamente? O que o senhor acha disso? Estão autorizando a nós, médicos, usarmos o termo em nossos artigos científicos?*

Hélio B.

Meu caro Hélio: a língua corrente usa as palavras independentemente das considerações éticas que um médico possa levantar. Essa distância entre o uso especializado e o uso comum é observável em qualquer área do conhecimento; enquanto o vocabulário jurídico distingue entre **roubar** e **furtar**, a diferença inexiste para o cidadão que teve seu carro levado por ladrões. Para este mesmo cidadão, o vocábulo **aidético** designa simplesmente os indivíduos contaminados pelo vírus da Aids; ele não percebe aí a carga pejorativa que um médico vê e procura evitar. É como **louco** ou **maluco**, vocábulos que um falante comum utiliza, sem malícia, para designar quem sofre das faculdades mentais, mas que deixam toda a comunidade de psiquiatras e psicólogos com os cabelos (e as barbas) em pé.

Aidético é o adjetivo que nasceu de **Aids**, e ninguém mais poderá matá-lo, mesmo que fosse malformado – no que, aliás, também tenho as minhas dúvidas. Por que deveria ser *aidesético? Não temos nenhum vocábulo com essa terminação **-esético**; além disso, vejo que **lues** deu **luético** e **herpes** deu **herpético**, com a desconsideração da sibilante final, como ocorre com **aidético**.

Agora, o fato de todos os bons dicionários registrarem o termo não significa sinal verde para usá-lo em trabalhos científicos; lembre-se de que todos os palavrões estão dicionarizados, mas isso não nos autoriza a empregá-los num artigo ou numa tese. Dicionário apenas registra e informa; a nós cabe decidir o que é correto ou adequado para as situações concretas, de acordo com nossa formação e nossa sensibilidade. Como você muito bem observou, médicos que se referem a seus pacientes como **cancerosos** ou **sifilíticos** parecem não ter a humanidade e a compreensão indispensáveis para um profissional dessa área.

Alcorão ou Corão?

Veja por que é preferível a forma **Alcorão**.

*Prezado Doutor: tenho observado em revistas a palavra **Corão**; já em jornais, na televisão e no **Aurélio** aparece **Alcorão**. Gostaria de saber qual é a forma correta.*

Marlene – Araçatuba (SP)

Minha cara Marlene: no bom e velho Português, sempre se usou **Alcorão**. Assim vem nos dicionários mais respeitáveis do passado (**Bluteau** e **Morais**). Assim escrevia Camões em 1572:

> Uns caem meios mortos, outros vão
> A ajuda convocando do **Alcorão**.
>
> *Os Lusíadas* – Canto III, 50.

Como todos nós sabemos, a permanência dos árabes, por sete séculos, na Península Ibérica (onde hoje ficam Portugal e Espanha) contribuiu com centenas de vocábulos para o Português, muitos deles curiosamente iniciados pela letra **A**: **almôndega, alfândega, almoxarife, almofada, açafrão, açougue, açúcar, açude, adaga, alcova, alcunha, aldeia, alface, algema, algodão, algoz, alicerce, almíscar, alvará, arrabalde, arroba, arroz, azeite**, entre outros.

Este **AL** ou **A** era o artigo árabe usado antes dos substantivos; nossos antepassados simplesmente incorporaram essa partícula nas palavras que ouviam, sem ter a consciência de sua natureza de artigo. Basta compararmos nosso **açúcar** e nosso **algodão** com o *sugar* e o *cotton* do Inglês, o *sucre* e o *coton* do Francês, e o *zucchero* e o *cotone* do Italiano, línguas que nunca estiveram em contato direto com o Árabe. Por esse mesmo motivo, enquanto o Inglês prefere *Koran*, nós preferimos a forma com o artigo **Al** já assimilado. Há quem prefira simplesmente **Corão**, por se assemelhar mais ao termo árabe aportuguesado; respeito a opção, mas não vejo razão para contrariar o que nossa tradição já fixou tão bem. Agora, o que não engulo é aquela teoriazinha, defendida por algumas sumidades, de que é preferível **Corão** porque **o Al**corão, com a presença dos dois artigos (o nosso e o árabe), seria uma forma de **pleonasmo**! Eu morro, mas não vejo todas as manifestações da ignorância humana! Por esse mesmo raciocínio de jerico, seria melhor dizer que "o **godão** é o melhor tecido para camisas" e que "as **zeitonas** são indispensáveis no recheio da empadinha".

datiloscopista

Saiba por que o funcionário que trabalha na expedição do documento de identidade é um **datiloscopista**.

*Caro Professor Moreno: por que é utilizado o termo **datiloscopista** para designar o funcionário que* *trabalha na expedição de documento de identidade? Obrigada!*

Otália

Minha prezada Otália: **datiloscopista** é um composto erudito formado pelo elemento ***datilo***, que significa **dedo** (o mesmo que aparece em **datilografia**, escrever com os dedos), mais ***scopein*** (no Grego, olhar, examinar – o mesmo que está em **microscópio**, que o olha o pequeno, ou **telescópio**, que olha de longe). Os **datiloscopistas** – que alguns organismos preferem chamar de **papiloscopistas** – são os peritos na identificação das impressões **digitais**.

Temos aqui uma interessante confirmação do fato de que nosso idioma (principalmente na linguagem técnico-científica) tem duas mães, o **Grego** e o **Latim**. **Digital** vem do Latim ***digito***, que significa **dedo**, da mesma forma que o Grego ***datilo***. Um dr. Frankenstein poderia juntar pedaços de palavras e engendrar um **digitoscopista**, mas isso iria contrariar a tendência genérica de formar compostos com elementos da **mesma** fonte (ou tudo Grego, ou tudo Latim). Por isso, chamamos de **datiloscopista** aquele que examina os dedos.

deletar

Falando de **deletar**, lembro que não podemos simplesmente enxotar os parentes distantes que vêm bater à porta de nossa casa.

Professor Moreno: assistindo a um programa

*de TV, recebi a informação de que o verbo **deletar**, muito utilizado em Informática, viria do latim **delere** (excluir, eliminar). Esta palavra latina (e outras) teria sido incorporada ao idioma anglo-saxão no período em que o Império Romano ocupou a região da Bretanha. Isto tem algum fundamento?*

Cleber P. – Pinhalzinho (PR)

Meu caro Cleber: o vocabulário do Inglês reparte-se, em proporção quase igual, entre três origens: a **anglo-saxônica** (é o núcleo do idioma; são as palavras mais usadas e, em sua maioria, monossilábicas); a **francesa** (vocábulos que entraram no idioma com a invasão dos normandos); e a **latina** (para um inglês ou um americano, as mais difíceis de usar; para nós, que somos latinos, as mais fáceis). *Delere*, do Latim (apagar), deu o *delete* do Inglês e o nosso **indelével** (uma **tinta indelével** não pode ser apagada; uma **impressão indelével** é uma impressão que jamais esqueceremos). Portanto, quando importamos **deletar** do Inglês, estamos apenas trazendo de volta para casa uma prima extraviada.

elegantíssimo ou **elegantérrimo**?

Quem fica muito magra fica **magríssima**, **macérrima** ou **magérrima**? E muito elegante? **Elegantíssima** ou **elegantérrima**?

Caro Professor Moreno: outro dia, em conversa acontecida no horário do jantar, minha filha de quinze anos, estudante do Ensino Médio, aluna premiada no colégio, falou mais ou menos assim: fulano estava **elegantíssimo**; *na mesma hora retruquei, dizendo que o correto seria* **elegantérrimo**. *Minha filha então argumentou que os dois eram corretos. Na mesma semana, na revista* **Marie Claire**, *li alguma coisa que parecia vir em defesa aos meus argumentos, num artigo que colocava a palavra* **elegantíssimo** *em itálico, como que em tom pejorativo, e depois fazia uma referência a outro* **elegantérrimo** *em tom mais enfático. As duas maneiras estão corretas? Se estão corretas, existe uma que seria mais elegante utilizar? Antecipadamente agradeço.*

Paulo G. – Palmas (TO)

Meu caro Paulo: sua filha mereceu o prêmio de melhor estudante: ela é que está com a razão. O superlativo de **elegante** é **elegantíssimo**. Nosso idioma forma seus superlativos por meio de uma simples operação morfológica: [adjetivo + íssimo]; assim brotam, naturalmente, **belíssimo**, **grandíssimo**, **duríssimo**, **caríssimo**. Alguns (muito poucos – não chegam a 50, de 50.000) têm também outra forma alternativa, usando a forma latina. É o caso de **doce** (**docíssimo** e **dulcíssimo**), **negro** (**negríssimo** e **nigérrimo**), etc. (veja, mais abaixo, **"superlativos eruditos"**). Em algumas dessas formas latinas aparece o sufixo superlativo **-érrimo**, que vamos também encontrar em **paupérrimo**, **macérrimo** (incluo, lá no fim, uma discussão sobre esta palavra; não estava na pergunta, eu sei, mas não pude resistir), **celebérrimo** – todos, como você pode ver, com um inegável toque erudito.

Acontece, Paulo, que certos setores da imprensa – principalmente ligados à moda e ao colunismo social – passaram a usar liberalmente este sufixo, criando formas como **chiquérrimo**, **riquérrimo**, **elegantérrimo**; já ouvi **boazudérrima** (e, para meu espanto, uma forma totalmente inusitada, que não existia nem no Latim: **carésima**, **gostosésima**, **peruésima**!). Não tenho nada contra elas; as palavras, como os seres humanos, têm direito de existir, mesmo que não sejam lá boa coisa. Até gosto de usar algumas quando quero fazer ironia ou brincadeira; só não vou empregá-las quando estiver falando ou escrevendo em tom mais formal ou profissional.

Nesse sentido, sua pergunta final é **extremamente adequada**: "Se ambas estão corretas, existe uma que seria mais elegante utilizar?". É isso aí, Paulo! Esse é o verdadeiro segredo de quem usa bem o Português: não se trata apenas de escolher entre uma forma correta e uma errada, mas sim escolher, entre duas formas corretas, **a mais adequada** para a situação. **Elegantíssimo**? Podemos usar sempre, em qualquer contexto, em qualquer nível de linguagem. **Elegantérrimo**? Só no salão de beleza, na crônica social, na conversa entre amigos. Um abraço, e não deixe de dizer à sua filha que ela é que estava certa.

P. S.: Quanto ao **macérrimo**: eu disse que a composição vernácula de nossos superlativos é [adjetivo + íssimo] e que alguns apresentam, concomitantemente, uma forma mais erudita, proveniente do Latim. Assim acontece com **pobre**, que tem **pobríssimo** (pobre + íssimo) ou **paupérrimo** (no Latim, **pobre** é *pauper*, que encontramos também em **pauperismo**, **depauperar**, etc.); com **doce**, que tem

docíssimo ou **dulcíssimo** (no Latim, **doce** é *dulcis*, radical que encontramos em **edulcorante**, **dulcificar** ou no nome **Dulce**). Pois bem, o adjetivo **magro** tem o superlativo vernáculo **magríssimo** ou a forma alatinada **macérrimo**; no Latim, **magro** é *macer*, radical que podemos encontrar em **emaciar** ou **macilento**. Com a nova moda do sufixo **-érrimo**, no entanto, criou-se também **magérrimo**, uma combinação popular, meio cruza de jacaré com cobra-d'água, onde se nota talvez uma analogia com **negro-nigérrimo**. Existe essa forma? – já me perguntaram várias vezes. A resposta é **sim**; é claro que existe, se a maioria da população a utiliza diariamente (e os dicionários registram). Agora, quanto a usá-la ou não, vale o que eu sempre digo a respeito dessas variantes: camisa polo com bermuda é roupa bonita e decente, mas não serve para todas as ocasiões. Traje de recepção? **Macérrimo**. Traje de passeio ou esporte? **Magríssimo**. Camiseta com sandália, ou pijama com chinelo? **Magérrimo**.

eletrocussão

Um leitor exagerado escreve que **eletrocussão** só pode ser usado para quem é executado na cadeira elétrica; quem morre de choque morre por **eletroplessão**. Aí é que ele se engana.

*Um leitor nos questionou sobre o uso da expressão **eletrocutado** para quem morre com uma descarga elétrica provocada por um fio desencapado. Disse-nos que **eletrocutado** é aquele que morre na cadeira elétrica. Para descargas elétricas deveríamos* utilizar **eletroplessão**. Realmente, no dicionário **Aurélio** consta **eletroplessão** como a morte ocorrida devido a uma descarga elétrica. Mas vamos dizer o quê? Que o cara foi **eletroplessado**? Nunca vi isso! Ou só podemos dizer que ele "sofreu uma descarga elétrica" – para não dizer que foi **eletrocutado**?

Marina G. – Jornal do Bairro – São Paulo (SP)

Minha cara Marina: esse teu rabugento leitor está apenas seguindo uma velha opinião dos puristas, que sempre implicaram com **eletrocutar**. O verbo veio do Inglês **electrocute**, constituído pela soma dos elementos [electr-] + [-cute] (o final de **execute**, "executar"), um neologismo criado em 1889. É verdade que, originariamente, este verbo tinha o significado específico de executar um criminoso por eletricidade. Em pouquíssimo tempo, contudo, à medida que os usos da eletricidade se difundiam por todo o planeta, o verbo passou a ser usado para designar qualquer morte causada por descarga elétrica. Como sempre, a língua se adaptou às mudanças do mundo real. O substantivo derivado, **electrocution**, passou a servir para qualquer morte por eletricidade – quer para mortes acidentais, quer para suicídio, quer para homicídios, quer, até mesmo, para a exótica morte causada pela descarga de peixes elétricos, como o nosso poraquê. Entre as línguas latinas, além do Português, adotaram os mesmos vocábulos o Espanhol (**electrocutar**, **electrocución**), o Francês (**électrocuter**, **électrocution**) e o Italiano (**elettrocuzione**).

No **Cambridge International Dictionary**, o exemplo dado em Inglês é "He was **electrocuted** (=killed *by electricity) when he touched the bare wires":* "Ele foi **eletrocutado** (morto por eletricidade) quando tocou nos fios desencapados". Na Itália, equipamentos elétricos podem trazer etiquetas que alertam para o *"pericolo di elettrocuzione"* ("perigo de **eletrocussão**"). Na França, os serviços de emergência/reanimação distinguem a *électrisation* – as diferentes manifestações fisiopatológicas devidas à passagem da corrente elétrica através do corpo humano – da *électrocution*, que é a morte em consequência da *électrisation*; seus manuais alertam contra os perigos do equipamento elétrico dos blocos cirúrgicos e dos serviços de reanimação, já que desfibriladores e bisturis elétricos podem *électrocuter* pacientes ou membros da equipe. Como se pode ver, o uso é universal.

No Português, houve as habituais reações conservadoras contra **eletrocussão**; ora, como sempre acontece, os opositores da nova forma tiveram de oferecer uma alternativa própria – e criaram o horrendo **eletroplessão**, formado arbitrariamente de [eletro] + [plessão] (do Grego *plessein*, ferir), adotado por muitos médicos-legistas, que reservam **eletrocussão** especificamente para a morte na cadeira elétrica. Aquela criação, artificial e doméstica, que os dicionários de Portugal não registram (a bem da verdade, contudo, devo assinalar que um importante filólogo da terra de Camões sugeriu, por sua vez, um não menos horrendo **eletrocidar**...), tem a desvantagem de produzir um verbo inviável, **eletroplessar**(?). Basta comparar **eletrocuto, eletrocutas, eletrocuta**, com **eletroplesso, eletroplessas, eletroplessas**, para ver qual dos dois é o sobrevivente. Você tem toda a razão, Marina: "Ele morreu **eletroplessado**" é de amargar!

No ***Aurélio***, os dois sentidos de **eletrocussão, eletrocutar** são registrados: tanto a execução penal quanto a simples morte por eletricidade. No ***Dicionário Médico***, de Rodolpho Paciornik, vemos "**Eletrocussão** [De eletro + execução] – O ato de matar por meio de uma corrente elétrica. Poderá ser acidental ou no cumprimento de uma sentença legal de pena de morte". O ***Dicionário da Língua Portuguesa***, da Porto Editora, traz simplesmente "morte por meio da eletricidade". O INSS e os organismos oficiais de controle de acidentes de trabalho falam só de **eletrocussão**. O que mais quer esse seu leitor? Grande coisa que **eletrocutar**, ao nascer, quisesse dizer "executar por descarga elétrica"; as palavras mudam e ampliam seu significado, e não adianta espernear contra isso. Ou esse leitor vai exigir que as **rubricas** voltem a ser feitas em tinta **rubra** (como eram, inicialmente), ou que o pontífice volte a cuidar das **pontes** (como na Roma Antiga), ou que se volte a **bordar** apenas nas **bordas** do tecido?

esterçar

Eis um termo muito útil para quem entende de automobilismo.

*Prezado Professor: quando criança (interior de Minas Gerais), eu ouvia muito a expressão "**desterçar** a roda de um carro" ou então "**esterçar** a roda de um carro". Já constatei que nenhuma dessas duas palavras existe; já vi "terçar". Será que lá em Uberlândia* *todos falavam erradamente essa palavra? Aguardo sua ajuda. Abraços*

José R. – Uberlândia (MG)

Meu caro Régis: o que você quer dizer com "nenhuma dessas palavras existe"? Presumo que se traduza em "não estavam no dicionário em que procurei", não é isso? Ora, lembre-se sempre de duas verdades básicas: (1) nenhum dicionário do mundo contém todas as palavras de uma língua e (2) se você ouvia essas expressões em Uberlândia, elas decididamente existiam (a não ser que sua feliz infância fosse povoada de alucinações auditivas).

Claro que a palavra poderia ser escrita de outra forma, o que explicaria a pesquisa infrutífera. Lembro do leitor que reclamou não ter encontrado no ***Aurélio*** um vocábulo tão comum quanto *odômetro; ele deve ter ficado sem jeito quando eu o informei de que ele estava procurando no endereço errado: o vocábulo é **hodômetro**, e mora na letra **H**, não na letra **O** do amansa. Este, no entanto, não é o seu caso; a forma é **esterçar**, mesmo.

É um vocábulo usado em automobilismo e, portanto, coisa bem moderna. A edição atual do ***Morais*** (1999) dá **esterçar** com o significado de "mover à direita e à esquerda o volante do automóvel". Nosso dicionário campeão, o ***Houaiss***, registra o mesmo significado, mas traz muitas outras informações, entre elas que o termo vem do italiano ***sterzare***, vocábulo registrado em 1743, com o sentido primitivo de "fazer girar a carroça", que adquiriu, no século XX, o sentido de girar o volante do automóvel.

Uma rápida pesquisa nas páginas especializadas de automobilismo, na internet, mostra dezenas de exemplos do emprego de **esterçar**, **esterçamento** e **esterçante**. Não encontrei **desesterçar**, mas num lugar onde se **esterça**, por que também não se **desesterça**? Afinal, o prefixo **des-** pode ser acrescentado a qualquer verbo que admita, semanticamente, o inverso da ação: **enterrar**, **desenterrar**; **colar**, **descolar**; **pregar**, **despregar**; **comer**, **descomer**; etc. A maior parte do nosso léxico ligado ao automóvel proveio da França, de onde foram importados os primeiros carros que entraram no Brasil; **esterçar**, contudo, termo muito útil no automobilismo desportivo, veio da Itália, pátria das Ferraris, Maserattis e Lamborghinis.

Além disso, o que justifica sua incorporação ao nosso idioma é a sua grande utilidade, pois serve de base para outros vocábulos muito empregados nos textos sobre segurança ao dirigir, como **subesterçar** e **sobre-esterçar**. Um carro **subesterçante** é o que tende a sair de frente, na curva, enquanto um **sobre-esterçante** tende a sair de traseira. Neste último caso, inclusive, o remédio que os peritos recomendam (e que os simples mortais como eu não têm reflexo nem coragem para empregar) é o **contraesterço**, que consiste em aumentar a pressão no acelerador e girar a direção mais ainda em direção à curva! Os conceitos de **subesterço** e **sobre-esterço** são amplamente empregados na literatura especializada mundial, onde aparecem como *sottosterzo* e *sovrasterzo* (Italiano) e *understeering* e *oversteering* (Inglês). Fique tranquilo, que **esterçar** está correto em Uberlândia e no mundo todo!

existe **excepcionação**?

*Pergunta a leitora Márcia, de Brasília (DF): Prezado Doutor: existem as palavras **excepcionação** e **excepcionalização**?*

1ª parte:

Prezada Márcia: em questão de vocábulo, não cabe essa discussão de **existe** ou **não existe**. O maior dicionário que temos, em Português, não tem um terço das palavras de nossa língua. E os outros dois terços? Estão por aí, à nossa disposição. Qualquer língua natural – Português, Inglês, etc. – tem um conjunto de elementos (prefixos, radicais e sufixos) e algumas regras de combinação desses elementos. Com isso, o falante tem uma verdadeira máquina de construir (seria melhor dizer **fazer surgir**) a palavra certa na hora em que dela necessitar. Sua pergunta é sobre duas aves esquisitas, **excepcionação** e **excepcionalização**. Em que contexto (em que frase) elas poderiam ser necessárias? Eu preciso saber disso, para poder emitir uma opinião honesta. Mande as frases em que você viu essas palavras empregadas, ou em que você sentiu vontade de empregá-las. Aí eu poderei responder.

*A leitora voltou, desta vez trazendo o contexto: "A mesma filosofia foi aplicada à filial de Curitiba; no entanto, por existirem características próprias devido à centralização nacional de algumas atividades, vamos analisar, em conjunto com a diretoria daquela filial, as **excepcionações** para as atividades em que isso se fizer necessário".*

2ª parte:

Minha cara Márcia: para mim, continuam faltando dados, mas agora de outra ordem. Note que as palavras do Português (as que estão no dicionário e as que ainda nem sonham em aparecer) seguem sempre um conjunto de regras de formação determinado pelo próprio caráter da língua. Um desses princípios subterrâneos possibilita que, a partir de um **verbo** qualquer, formemos, se julgarmos necessário, um **substantivo abstrato** (é um processo importantíssimo em todas as línguas do mundo; sua real justificativa não cabe aqui discutir). Como fazemos isso? Acrescentando certos sufixos típicos para essa finalidade: **-mento**, **-dura**, **-agem**, **-ção**, etc. Os substantivos assim formados conservam, evidentemente, uma forte dose do significado de **ação** que o verbo caracteristicamente apresenta: **enfrentamento**, **desaparecimento** (ato de **enfrentar** e **desaparecer**); **propositura**, **abertura** (ato de **propor** e **abrir**); **secagem** e **moagem** (ato de **secar** e **moer**); **construção** e **conservação** (ato de **construir** e **conservar**); e assim por diante.

Ora, seguindo esse raciocínio, para podermos formar **excepcionação** devemos presumir um verbo **excepcionar**. O verbo existe e está registrado no ***Aurélio***; o problema é que tem um sentido completamente diferente do que está no exemplo que você me mandou. É um verbo da **técnica jurídica**, mais precisamente do Direito Processual, e significa "opor exceção", isto é, a "defesa indireta (relativamente à contestação, que é direta), em que o réu, sem negar o fato afirmado pelo autor, alega direito seu com o intento de elidir ou paralisar a ação (suspeição, incompetência, litispendência, coisa julgada, etc.)". Bem longe, não é?

Que dados me faltam, então? Bem, se fosse possível demonstrar que este mesmo verbo **excepcionar** (que é, aliás, monstruoso – o que não dizer então do **excepcionação**, que é abominável?) vem suprir uma real necessidade léxica ou sintática dessa área em que você trabalha, e – o que é fundamental! – que usando **excepcionação** vocês vão conseguir dizer alguma coisa que não conseguem dizer com nossa velha **exceção**, aí teríamos uma justificativa para o novo termo. Confesso que, lendo o exemplo enviado, pareceu-me que **exceção** entra perfeitamente na frase. Pode haver aí, entretanto, alguma nuança técnica que não alcanço; por isso, passo a vocês a decisão: se existe alguma coisa realmente nova, preciso de mais exemplos. Se não há significação nova envolvida, então, por amor à língua de Vieira e Machado, enterrem essa coisa horrorosa.

P.S.: *****excepcionalização**, então, nem pensar! Agora precisaríamos de um *****excepcionalizar**! É claro que continuo na minha atitude prudente: pode ser que haja aqui sutilezas que me escapam.

gay ou guei?

Aprenda a diferença entre *gay*, *guei* e **homossexual**.

Caríssimo Professor: existe um sítio brasileiro na internet sobre a homossexualidade que insiste em usar o termo **guei** *em vez de* **gay***. Eu acho isso* *um puritanismo linguístico bastante nacionalista, bem extremista. Eu prefiro usar o termo reconhecido internacionalmente, e defendo o seu uso, pois acho que a palavra **homossexual** carrega um certo tom clínico nem sempre apropriado em meios sociais. Ademais, não sei de nenhuma palavra para **gay** em português que seja positiva, ou mesmo neutra – tudo me parece muito pejorativo. Seria um grande prazer receber uma resposta sua.*

Paul B. – Seattle, WA (EUA)

Meu caro Paul: enquanto **gay** é a forma internacional (acho melhor, porque é instantaneamente reconhecida), **guei** é uma forma que acrescenta ao significado já tradicional um nítido posicionamento nacionalista, como você bem percebeu. Cada um se alinha entre as hostes que prefere, e a escolha das palavras ou da forma de grafá-las expressa também uma tomada de posição. Intitular-se *gay* é aderir a uma comunidade sem fronteiras; intitular-se **guei** é, além disso, reforçar uma identidade nacional e, o que pode ser o caso, assumir uma postura politizada.

Quanto à escolha entre *gay* (ou **guei**) e **homossexual**, não há dúvida de que são conotativamente diferentes (embora denotativamente idênticas); a segunda é a única forma aceitável, a meu ver, em textos filosóficos ou psicanalíticos, enquanto a primeira, além de ser a única cabível no discurso do quotidiano, é mais coloquial e descontraída. Nos guias de viagens vais encontrar a rubrica "hotel *gay*", "boate *gay*", mas seria impensável "hotel homossexual", "boate homossexual". Quanto ao léxico do Português, parece que realmente ainda não temos nenhuma designação para *gay* que não tenha coloração pejorativa – nem mesmo no vocabulário da comunidade GLS. Você sabe muito bem, Paul, que a linguagem apenas espelha a cultura que lhe corresponde; se um dia ela mudar, o vocábulo aparecerá.

herbicidar?

> Podemos dizer que **suicídio** está para **suicidar** assim como **herbicida** está para **herbicidar**? O Doutor mostra que não é bem assim que funciona a nossa língua.

*Olá, Professor: minha dúvida nasceu de uma conversa com um colega agrônomo que crê ser **herbicidar** um verbo que pode ser conjugado normalmente, descrevendo a ação de "matar ervas". Eu lhe disse que nem todo substantivo pode se tornar verbo e que correria menos risco se falasse apenas "aplicar herbicida". No entanto, precisamos de seu voto credenciado e decisivo à questão.*

Fábio M. – Santa Maria (RS)

Prezado Fábio: obrigado pelo cumprimento; posso dar a vocês um voto **credenciado**, mas não **decisivo**, pois o saber humano é infinito em seu progresso. Como agrônomos, vocês dois devem se sentir em casa com a ideia de que a língua é um organismo vivo e, como tal, tende para a economia de energia e de recursos. Se fizesse sentido criarmos um **herbicidar** (do ponto de vista morfológico, até que é um verbo viável), por que não teríamos **homicidar**, **genocidar**, **infanticidar**, **pesticidar**, **parricidar**, etc.? Comparando custo e benefício, vocês verão que não vale o esforço – e o sistema linguístico parece ter chegado à mesma conclusão. É significativo que o único verbo a surgir autonomamente foi **suicidar-se**, certamente por todas as implicações trágicas e excepcionais que cercam o ato. **Embarcar** veio de **barco**, mas hoje podemos **embarcar** em trem, avião, carruagem, ônibus espacial e até numa fria. No tempo da Semana de Arte Moderna, os poetas (que não passavam, em sua maioria, de piadistas) usavam alegremente **avionar**, **trenzar**, etc. – mas nada disso vingou. Continuem a "aplicar o herbicida", que é melhor. Aliás, notem que há uma disputa de significado aí nesse hipotético **herbicidar**: ele significaria "aplicar herbicida", ou "matar ervas"? São coisas bem diferentes, como vocês, mais do que ninguém, devem saber.

hétero, héteros

Se **motocicleta** gerou a forma reduzida **moto**, **heterossexual** produziu a forma **hétero**.

Como estou diariamente envolvido com dezenas de textos sobre gays e lésbicas, tendo em vista que realizo um trabalho específico nesta área, às vezes preciso referir-me às pessoas que não são gays e tenho que deixar isso claro no texto. Nestes casos, uso a palavra heterossexuais, mas todos temos de convir que é muito grande, principalmente se comparada com

gay, e fica pedante e cansativa se for repetida duas ou três vezes num trecho pequeno de texto. Assim, é muito comum as pessoas se referirem aos **não-gays** simplesmente como **héteros**. Minha dúvida é sobre a existência desta palavra e sobre a grafia correta, pois não sei se deve levar acento e se posso flexioná-la em gênero e número como um adjetivo ou substantivo normal. Por exemplo: "Compareceram à Parada **Gay** milhares de **gays** e **héteros**, inclusive suas famílias"; "Eu achava que sua irmã fosse **hétera**, mas ela mesma me confirmou que é **gay** (lésbica)". Pergunto: a palavra **hétero** existe?

Marcelo A. – Rio de Janeiro

Meu caro Marcelo: um dos mais recentes processos de formação de palavras no Português é o que chamamos de **redução**: no momento em que algum vocábulo complexo, geralmente composto de elementos eruditos e científicos, passa a fazer parte do vocabulário quotidiano, há uma forte tendência a reduzi-lo para um padrão prosódico mais confortável. Assim, a **fotografia** virou **foto**, o **telefone** virou **fone**, a **motocicleta**, depois de passar por **motociclo**, virou **moto**. Observe como o mesmo não ocorreu com a **caligrafia** ou a **filmografia**, com o **interfone** ou o **xilofone**, exatamente pela pequena ocorrência desses vocábulos na linguagem usual (ao menos até agora). A meu ver, este processo de redução, extremamente produtivo no Francês, será cada vez mais frequente em nosso idioma.

O vocábulo **heterossexual** era perfeitamente manejável na linguagem técnica, na qual vivia recluso. No momento em que o termo entrou na língua do dia-a-dia, no entanto, passou a ser um trambolho prosódico, sofrendo a redução para **hétero**, proparoxítono, como você observou. A acentuação destes vocábulos encurtados segue a regra oficial; por isso, **bíci** (de **bicicleta**), ou **deprê** (de **depressão**). Não importa que a parte remanescente fosse, no vocábulo original, uma forma presa (geralmente elementos de origem grega ou latina) – ela agora passa a ser autônoma e independente. Já estamos acostumados a **pornô**, **máxi**, **míni**, **múlti**; o **supermercado** virou, em algumas regiões, o **súper**; a **poliomielite** já tornou-se **pólio**, e assim por diante – tudo isso no Português usual (mais ainda na linguagem específica de várias profissões; basta ouvir médicos conversando entre si para avaliar como o processo está mais adiantado).

Plural ele vai ter, naturalmente: **héteros**, como **fotos**, **motos**, **máxis**, **pólios**. Quanto à flexão dele no feminino, acho que ainda preferimos o seu uso invariável (uma militante **hétero**). No entanto, não me surpreenderia se fosse crescendo a tendência a transformá-lo em biforme (**hétero**, **hétera**), principalmente porque esse final em **O** inexiste em vocábulos femininos, com exceção apenas de **libido** e de **tribo**. O tempo dirá.

litigância ou litigação

Nem todo mundo sabe que nosso generoso idioma pode oferecer mais de uma forma para o mesmo vocábulo.

> *Prezado Professor, trabalho na área jurídica e tenho uma dúvida cuja resposta não encontrei em dicionários ou gramáticas; qual destas formações é a correta para o verbo **litigar**: **litigação** de má-fé ou **litigância** de má-fé? Ficaria muito grato pela resposta.*
>
> Roney S. – Uberaba (MG)

Meu caro Roney: nosso idioma dispõe de vários sufixos para obter o mesmo resultado. Como vimos anteriormente, para a formação de substantivos **abstratos de ação** (aqueles que derivam de verbos), o Português, entre outros, pode escolher entre os sufixos **-mento**, **-dura**, **-ção** ou **-ância**. Não raro, coexistem formas concorrentes para o mesmo abstrato; por exemplo, para **dobrar** o *Aurélio* registra **dobradura**, **dobramento** e **dobração**. Os sufixos **-ção** e **-ância** concorrem em vários vocábulos: numa rápida examinada no dicionário, encontrei **alternação** e **alternância**, **aspiração** e **aspirância**, **claudicação** e **claudicância, culminação** e **culminância**. O uso vai preferir uma ou outra forma, por caminhos imponderáveis.

Em alguns casos – **concordância** e **preponderância** são bons exemplos –, nem conseguimos imaginar uma variante terminada em **-ção**. No caso específico de **litigar**, eu sempre vi empregado o substantivo **litigância**, embora, pelo que acabo de expor, a forma **litigação** não seria impossível, já que esta hipótese também está prevista em nosso sistema morfológico. Parece, contudo, que o plebiscito de séculos de uso consagrou apenas a forma em **-ância**. É melhor respeitá-lo.

maniático

O Professor explica que nem todo **maniático** é um **maníaco**.

*Olá, Professor! Acabaram de me falar que a palavra **maniático** não existe. Fui conferir em alguns dicionários e realmente não a encontrei. Neles constava apenas o termo **maníaco**. Considerando também o uso corriqueiro da palavra **maniático**, pergunto se é errado usá-la, pois – ao menos para mim – ela parece ter um sentido mais específico, enquanto **maníaco** parece se estender a vários outros casos. Obrigada pela atenção.*

Uda S. – Brasília (DF)

Minha cara Uda: realmente, o vocábulo **maniático**, que é largamente empregado no Espanhol, parece estar fazendo falta por aqui, pois serve para designar a pessoa que tem lá as suas manias, seus hábitos idiossincráticos, mas inofensivos, distinguindo-se, dessa forma, do **maníaco**, usado em sentido técnico pelos profissionais da área Psi.

O problema desses dois vocábulos começa com a mãe deles, a palavra ***mania*** – literalmente, "loucura", no Grego. Esse significado continua vivo na Medicina e na Psicologia; é por isso que se fala de uma psicose **maníaco-depressiva** e que se internam psicopatas no **manicômio** (foi pelas **manias** que o imorredouro Simão Bacamarte, de Machado de Assis, acabou enchendo a Casa Verde com seus parentes e vizinhos). Com o tempo, porém (**o Tempo é o senhor da Linguagem** – é bom não esquecer!), **mania** saiu do vocabulário exclusivamente científico e vulgarizou-se na linguagem corrente, passando a denominar apenas aqueles hábitos, esquisitos ou não, que fogem um pouco do usual: (1) Nada de mais em tomarmos café numa xícara; Fulano, contudo, tem a **mania** de só usar um copinho das Geléias Tabajara. (2) Ela tem a **mania** de folhear o jornal do fim para o começo. (3) Ele tem a **mania** de tirar o som da TV e ouvir a transmissão do jogo pelo rádio.

Mesmo na linguagem usual há novas distinções a caminho. **Maníaco** é a forma preferida para "gostar de alguma coisa, ser louco por ela": eu sou **maníaco** por doce de leite. **Maniático** vai entrando no Português para designar "aquele que é cheio de manias, cheio de nove horas": ela desistiu do namoro porque ele era muito **maniático**. Se o vocábulo não está ainda em nossos dicionários, isso não quer dizer que ele não exista, Uda. Centenas de palavras que empregamos não estão lá também (o *Houaiss* tem um pouco mais de 220 mil registros, enquanto se estima o léxico do Português em quase 600 mil itens). A vantagem de "**estar no dicionário**" é que isso elimina qualquer necessidade de justificar o emprego de um vocábulo, ao passo que o uso dos que "**ainda não estão**" pode ser contestado por algum boi-corneta. Avalie bem a situação em que você vai empregar o termo, e mande bala.

música, musicista

Três diferentes leitores comparecem com a mesma dúvida: a mulher que faz **música** é uma **música**? A que nasce na **Indonésia** é uma **indonésia**?

*Caro Professor Moreno, minha dúvida é a seguinte: posso chamar uma médica especializada em clínica geral de "**clínica geral** fulana de tal"? Qual é a maneira certa? Obrigado e um abraço.*

Sérgio A.

*Professor Moreno, posso dizer que uma senhora é **uma grande música**? Note que me refiro a sua profissão.*

Francisco Galvão

*Professor: moro no Japão há muitos anos e casei com uma mulher nascida na Indonésia. Se a minha esposa é nascida na **Indonésia**, a sua nacionalidade é **indonésia** ou **indonesiana**? Não acho tão estranho chamar um homem de **indonésio**, mas sinto um certo incômodo em chamar minha mulher de **indonésia**, por coincidir com o nome do país. Gostaria de obter uma resposta pelas dificuldades que tenho em consultar livros especializados, estando aqui no Japão.*

Reginaldo – Togane (Japão)

Prezados amigos: noto que todos ficaram em dúvida ao se depararem com estes femininos (**clínica, música, indonésia, matemática, estatística**, etc.) que coincidem com o próprio nome da profissão, da instituição ou do lugar de origem. É verdade que, às vezes, o efeito é tão desagradável que nos faz hesitar. No caso da **música**, temos a feliz possibilidade de utilizar o sinônimo **musicista**, comum de dois gêneros, evitando assim frases esquisitas ou ambíguas como "esqueci aquela **música**", "a **música** me deixou emocionado", etc.

No caso da **clínica**, não há substituto; o máximo que podemos fazer é inverter a ordem dos elementos, usando "Fulana de Tal, **Clínica Geral**". Vejam a confusão que se estabelece entre a "**Clínica Geral** Mariazinha dos Anzóis" – nome que foi dado a uma instituição – com "a pneumologista Teresinha de Jesus e a **clínica geral** Mariazinha dos Anzóis" – o nome de duas profissionais da Medicina. Em situações como essa, o melhor é contornar.

Quanto ao feminino **indonésia**, a dificuldade é a mesma que enfrentamos com o feminino **armênia** ou **argentina**. Meu caro Reginaldo, se você não quer dizer que sua esposa é **indonésia** (o que estaria correto), pode muito bem empregar **indonesiana**, já que o termo é bastante empregado e esta formação sufixal também é frequente na formação dos adjetivos gentílicos de nosso idioma. Lembro que o Brasil chama de **canadense** o que Portugal chama de **canadiano**; temos tanto argelino quanto **argeliano**, **alasquense** ou **alasquiano**, **baiense** e **baiano**, **bósnio** e **bosniano**, **salvadorenho** e **salvatoriano**.

plúmbeo

Veja o que **plúmbeo**, **chumbo** e **prumo** têm em comum.

> *Dizemos que a água da **chuva** escoa pelo esgoto **pluvial**. Caro professor, este **pluvial** não viria de **plúmbeo** (de chumbo, da cor de chumbo, etc.)? Um abraço.*
>
> Antônio A. – Palmas (TO)

Meu caro Antônio: a sua sugestão, se não está correta – **plúmbeo** nada tem a ver com a *pluvia* do Latim, que significa "chuva" –, se não está correta, repito, acertou em cheio noutro par de dublês: *plumbum* evoluiu no Português para **chumbo**; quando foi reconstituída, deu o adjetivo *plúmbeo*, que significa "cor de chumbo", e mais uma dúzia de derivados de uso científico (**plumbagina**, **plumbago**, etc.) Lembro que, no Inglês, o vocábulo para "encanamento hidráulico" é *plumbing*, e o sujeito que faz consertos até hoje se chama *plumber*, reminiscência do tempo em que os canos de água eram de ferro galvanizado, e as juntas tinham de ser soldadas com chumbo derretido.

A única semelhança que existe entre **plúmbeo** e **pluvial** é a presença da conversão regular do grupo **PL** latino para o nosso **CH**: *pluvia* deu **chuva**; *plaga* deu **chaga**; *plumbum* deu **chumbo**; e assim por diante.

dolorido e doloroso

> Nem tudo o que é **dolorido** é **doloroso**, nem tudo o que é **doloroso** é **dolorido**.
>
> *Professor, cresci ouvindo uma canção muito popular aqui no Rio Grande do Sul em que o autor diz que sua*

*mãe teve uma morte "triste e **dolorida**". Não deveria ser **dolorosa**?*

V. Fagundes – Uruguaiana (RS)

Você tem razão: a morte dessa pobre senhora, meu caro Fagundes, só poderia ter sido **dolorosa**. Como esses dois vocábulos só se distinguem pelo sufixo, já que foram criados a partir do mesmo radical primitivo (***dolor*** é "dor" em Latim), é natural que a linha que delimita o uso de um e de outro não seja bem precisa. Contudo, apesar dessa faixa gris de indefinição, podemos estabelecer significativas distinções, mais ou menos correspondentes à oposição entre **causar** e **sofrer**. **Doloroso**, de uso mais amplo, é qualquer coisa que possa **causar** dor: a notícia foi **dolorosa**; teve uma morte **dolorosa** (por oposição a uma morte sem dor, **indolor**); no mesmo sentido, o tratamento pode ser **doloroso** ou **indolor**. Enumerando os mistérios do Rosário, o Padre Vieira diz que há uns gozosos, outros **dolorosos**, outros gloriosos, e em cada uma destas distinções outros cinco mistérios também distintos – uns trazem o gozo, outros, a dor, outros, a glória. Machado de Assis, voltado agora para os mistérios deste mundo, descobre na alma humana um "doloroso gosto de falar da mulher amada".

Já **dolorido**, com sua terminação de particípio, liga-se mais ao polo passivo: é o que sofre, é o que sente dor, é aquilo que está doendo. Tem o sentido de magoado, machucado, lastimoso: a alma ficou **dolorida**; arrastava os pés **doloridos**; o local da pancada ficou **dolorido**. Não haveria o que confundir: levou uma pancada **dolorosa**, ficou com a perna **dolorida**. No entanto, ouço, com frequência, falarem em "injeção dolorida". Ora, o que as injeções podem ser é **dolorosas**; o local da "injeção" é que fica dolorido. Esta curiosa expressão nasce, com certeza, do costume familiar de chamar também de **injeção** o local onde o medicamento foi injetado. Afinal, quem já não ouviu – ou disse – "ele bateu bem na minha injeção"; "cuidado com a minha injeção, que está doendo"?

Em geral, é observada a distinção entre os dois vocábulos. Não por acaso, na gíria dos velhos frequentadores de botequim, a conta, ou despesa, pode ser chamada de "**a dolorosa**", mas jamais de "**a dolorida**".

Na luta para evitar que nossa língua se empobreça, devemos tentar manter vivas as distinções entre palavras parecidas. Quando escrevo "ouvimos em silêncio aquelas palavras **dolorosas**", espero que meu leitor entenda que as palavras ouvidas nos causaram sofrimento, bem diferente do que Machado pretendia, ao dizer "estas palavras arrancadas da alma, tão **doloridas** – ia dizer tão lacrimosas".

importância dos afixos

Veja como o conhecimento dos **afixos** é importante para o domínio de um idioma.

*Sou professor de Inglês Instrumental, e uma das minhas técnicas de trabalho é exatamente levar o aluno a conhecer os diferentes afixos daquele idioma. Pois bem, ao ler um artigo seu sobre **paranoia**, fiquei meio decepcionado ao ver que o Sr. não considera* *profícuo, para o exame daquele vocábulo, um estudo deste tipo. No entanto, quando escreve sobre **dolorido** e **doloroso**, o Sr. diz que aqui há uma clara diferença estabelecida pelos sufixos, o que me fez pensar em **interesting** e **interested** (com a mesma distinção entre "passivo e ativo"). Afinal, em que momento eu devo entender que o estudo dos afixos é significativo?*

Juvenal A.

Meu caro Juvenal: eu jamais disse que não vale a pena estudar os afixos. Pelo contrário: eles são partes importantes do verdadeiro jogo de armar que é o léxico de uma língua. O que eu frisei, no artigo **sobre as lições da paranoia**, é que não podemos definir **o que seja** algo a partir do simples exame etimológico do seu nome. Isso seria confundir as **palavras** com as **coisas** que elas denominam.

Além disso, ressaltei a arbitrariedade da seleção de alguns afixos. Por exemplo, entre os sufixos formadores de abstratos (**-mento**, **-ção**, **-dura**, **-eza**), a seleção, para cada radical, é feita por critérios misteriosos do idioma. Ninguém consegue explicar por que **belo** deu **beleza** e **amargo** deu **amargura**, já que ambos os sufixos (**-eza** e **-ura**) têm o mesmo valor. Casos como **dolorido** e **doloroso**, contudo, são bem distintos, uma vez que os sufixos aqui existem para marcar diferentes significados e finalidades.

Uma língua é formada de **peças** (afixos e radicais) e de **regras** para combiná-las; quem conhece os prefixos e os sufixos (que são poucos) do Português, mais algumas centenas de radicais, tem todas as condições de operar, mentalmente, milhares de palavras – como você já deve ter percebido no seu trabalho de professor.

emboramente, apenasmente

Veja como se processa a formação dos advérbios em **-mente** em nossa língua e entenda por que esses dois vocábulos não passam de dinheiro falso.

*Caro Professor Moreno, nosso colega de trabalho insiste em dizer **emboramente** em suas frases. "**Emboramente** eu tenha feito aquilo...". Essa palavra pode ser utilizada de tal maneira?*

Max

Meu caro Max: isso é coisa do **Odorico Paraguaçu**, aquele inesquecível prefeito palavroso criado por Dias Gomes. É conhecido o processo pelo qual nosso idioma passou a formar advérbios em **-mente** (processo esse, aliás, presente também nas outras línguas românicas): o substantivo **mente** (o mesmo de "**mente** humana", de "poder da **mente**") e o adjetivo que o antecedia (**clara mente**, **serena mente**), que vinham separados por um espaço em branco, terminaram formando um único vocábulo composto (como **passatempo**, **girassol**, etc.). Nesse composto, **mente** perdeu o seu significado originário e passou a indicar "maneira, modo". Se um de nossos longínquos antepassados românicos entendia que "ele dispôs de seus bens **serena mente**" significava "com a

mente serena", nós já entendemos como "de **maneira** serena" – o que permitiu o acréscimo de **mente** a todo e qualquer adjetivo. Os falantes não têm mais consciência dessa composição, tomando os advérbios em **-mente** por vocábulos simples. Mesmo assim, é emocionante observar como levamos, de forma automática, o adjetivo para o feminino (quando ele tiver os dois gêneros), reencenando, sem perceber, um antiquíssimo ritual de concordância nominal: puro, **puramente**; glorioso, **gloriosamente**;

Como você pode ver, todos os advérbios em **-mente** que existem (e também os que virão a existir) começam por um **adjetivo**. Essa é uma regra morfológica de nossa língua (não é uma regra dos gramáticos; é uma das leis internas do idioma). Formações como ***emboramente**, ***apenasmente**, etc. são de brincadeirinha.

bonitíssimo

Um cidadão alemão que está aprendendo nossa língua saiu-se com um **bonitíssimo**. Esta forma existe? É correto usar uma palavra que não está relacionada nos dicionários?

*Professor Moreno: tenho um primo na Alemanha tentando aprender a nossa língua portuguesa. Ele vem fazendo seu trabalho muito bem, mas outro dia, num museu, apontou para um quadro e disse: "Olhe! É **bonitíssimo**!". Não soube explicar por que não era assim que se falava, mas a situação* *acabou me deixando na dúvida. Essa forma está muito errada mesmo? Todos os adjetivos têm um superlativo? Entendo que existe uma forma erudita para os superlativos e também a forma vernácula, mas os dicionários comuns (como o famoso **Aurélio**) só apresentam alguns superlativos menos óbvios como o **boníssimo**, mas não contêm o **belíssimo** (muito óbvio). Desta forma, como sei se o superlativo que estou propondo existe? **Bonitíssimo** não está lá. O que concluo? **Bonitíssimo** não existe, ou existe e é tão básico que nem se dão ao trabalho de publicar umas letrinhas a mais no dicionário só pra tranquilizar os menos informados?! Obrigada por sua atenção!*

Aline R. – Campinas (SP)

Minha cara Aline: é claro que existe **bonitíssimo**. Os dicionários (de qualquer língua, por sinal) costumam deixar fora de suas listas todas aquelas formações que, de tão produtivas, são facilmente deduzidas pelo falante. Assim, em Português, quase não se registram (1) os diminutivos em **-inho** e **-zinho**, (2) os superlativos em **-íssimo** e (3) os advérbios em **-mente**. Por exemplo, não há necessidade de incluir **pobrezinho**, **pobríssimo** e **pobremente**, três formações automáticas a partir de pobre. É uma economia considerável de três entradas no dicionário – e não apenas de algumas letrinhas! Multiplique isso pelas dezenas de milhares de substantivos e adjetivos, e vai ver que vale a pena!

Agora, uma coisa é certa: há padrões morfológicos que se aplicam a todos os vocábulos que existem e a todos os que virão a existir em nossa língua. Se um dia, hipoteticamente, for criado um adjetivo "**calurdo**", no mesmo instante teremos a possibilidade de formar "**calurdozinho**", "**calurdíssimo**" e "**calurdamente**" – porque essa é uma potencialidade de todo e qualquer adjetivo. O seu primo alemão apenas aplicou uma regra poderosíssima de formação de superlativo; se nós não gostamos de usar **bonitíssimo**, haverá muita gente que goste; esta forma está lá, sempre latente, esperando apenas que alguém precise dela para vir à tona, como foi o caso. Eu diria que ele está realmente começando a dominar o nosso idioma.

malformação

Veja por que **malformação** não é um vocábulo **malformado**.

Caro Professor: sou médico e há muito tempo questiono a forma como uma palavra bastante usada no nosso meio para designar falhas no desenvolvimento de certos órgãos ou estruturas é grafada: é **malformação** *(sem hífen e com **L**, como no inglês* **malformation**), **mau-formação** *(já que não é uma boa formação) ou* **má-formação** *(uma vez que o substantivo é feminino)? Procurei no meu dicionário (Celso Pedro Luft) e não encontrei a solução.*

Ricardo C. – Brasília (DF)

Meu caro Ricardo, muita gente compartilha esta mesma dúvida. **Malformação** realmente parece uma estrutura inadequada, estranha aos padrões do nosso léxico, já que estaria unindo um advérbio (**mal**) a um substantivo (**formação**); muito mais aceitável, dizem eles, seria **má-formação**, à semelhança de **má-vontade**, **má-fé**, **mau-humor**; **malformação** não passaria de uma adaptação desajeitada do Inglês *malformation* (ou do Francês, que também o usa).

Quem matou a charada foi nosso saudoso professor Luft, meu mestre e patrono desta página. O equívoco, ensinava ele, é tentar interpretar os elementos constitutivos de **malformação** em termos de classes de palavras; o **mal-** que temos aqui é um simples elemento formador, que atua num nível em que ainda não se distingue o **adjetivo** do **advérbio**. No Inglês, que não tem o vocábulo **mal**, este elemento é uma forma presa, um **prefixo**, presente também em *malocclusion*, *malfunction*, *malnutrition*, e foi assim que entrou no Português.

Como em nosso idioma existe a oposição **adjetivo/advérbio** entre **mau, má/mal**, alguns falantes reanalisam o vocábulo e pretendem nele enxergar, como elemento inicial, o adjetivo **mau**, na forma feminina (**má**), concordando com **formação**. Do mesmo modo, nos ensina Luft, um francês também pode estranhar, no **malformation** do Francês, o fato de não estar ali o adjetivo **mauvaise**.

Acontece – e aqui bate o ponto! – que **malformation**, no Francês, não é um composto [mal + formation], mas um substantivo derivado de um particípio: **malformé** + **ation**. É o mesmo que ocorre com **malcriação**, que não é um composto do advérbio **mal** mais o substantivo **criação**, mas sim um substantivo derivado do adjetivo **malcriado**, com o acréscimo do sufixo **-ção**. Diz Luft: "Vê-se que não tem cabimento a reformulação purista má-criação: evidentemente não se trata de **criação** que seja **má**, e sim de ação/qualidade (**-ção**) de **malcriado**".

Parece uma explicação *ad hoc*? Pois não é; são muito frequentes os exemplos desses substantivos formados pelo acréscimo de um sufixo a estruturas do tipo [advérbio+verbo]: **malversação**, **maledicência**, **malevolência** (e **benevolência**), **malfeitoria** (e **benfeitoria**), **maleficência** (e **beneficência**).

P.S.: *Houaiss* e *Aurélio-Vivo* (2ª ed.) preferem **malformação**; o *Aurélio-XXI*, coerente na sua ruindade, volta atrás e prefere **má-formação**.

vaga-lume

Veja como um nome inocente (e incompreensível) pode esconder um nome bem compreensível, mas não tão inocente!

*Olá, Professor: para minha surpresa, ao pesquisar em vários dicionários e gramáticas, encontrei ora **vagalume**, ora **vaga-lume**. Há mais de trinta anos tenho a sensação de sempre ter visto e escrito **vagalume**; quando vi esta questão em uma prova de Concurso Público, confesso que fiquei espantado com minha ignorância.*

Ricardo G. – Joinville (SC)

Meu caro Ricardo: **vaga-lume** é um composto formado no molde mais comum do Português, que é [verbo transitivo direto + objeto direto]: **porta-bandeira**, **saca-rolha**, **bate-estaca**. Na verdade, temos aqui a lexicalização de **estruturas sintáticas**, pois estamos falando de [alguém que **porta** a **bandeira**], [algo que **saca** a **rolha**], [algo que **bate** a **estaca**]. Nesses vocábulos, que são muito numerosos, usamos o hífen entre o verbo e o substantivo que lhe serve de complemento. "É justo", pensará meu leitor, "mas o que tem a ver **vaga-lume** com esse tipo de composto? Não vá o professor dizer agora que se trata de alguém que anda **vagando** o **lume** por aí!" – a resposta, prezado Ricardo, é simples e surpreendente.

Trata-se, mais uma vez, de um simples **eufemismo** (do Grego *eu*, bem, mais *femi*, dizer), ou seja, uma forma socialmente mais aceitável de dizer coisas não muito publicáveis. Aqui, a forma originária é simplesmente **caga-lume**, ou seja, um animalzinho que pareceu, aos nossos antepassados portugueses, estar descomendo **lume** (forma pouco usada, hoje, no Brasil, para **fogo** ou **luz**; é um avô de **iluminar**). Não sem razão, o verbo **cagar** (que eu escrevo aqui com todas as letras só porque estas páginas têm um compromisso científico a manter; caso contrário, usaria aquele elegante (?) recurso do asterisco: "**c*g*r**"), o verbo **cagar**, repito, adquiriu forte conotação pejorativa, e o Português moderno, num processo que Freud explica muito bem, substituiu a primeira consoante por **V**, deixando o vocábulo absolutamente inocente, mas totalmente incompreensível para o falante. Esse recurso de alterar um fonema na palavra condenada, a fim de mascará-la, também está presente no ridículo **ourinol** (a forma correta, **urinol**, seria evidente demais; assim modificada, quem sabe até não a associássemos a algo mais nobre como o **ouro**?) ou no conhecidíssimo **pucha**, que nasceu da palatalização do **T** que ficava entre o **U** e o **A** (preciso dizer mais?). No teatro de Gil Vicente, no século XV, já encontramos **hidepucha**, nosso atual "**f. d. p.**".

Inversível ou invertível?

Nem sempre os dicionários podem decidir o que é certo ou errado.

*Prezado Professor Moreno: sou, há muitos anos, professor universitário de Matemática, e sempre zelei pela nossa língua. Em verdade, esse zelo foi-me inspirado pelo meu professor Celso Luft. Hoje há entre nós, professores de Matemática, uma dúvida sobre se o correto é dizer **inversível** ou **invertível**. Esse adjetivo é importante em nosso meio, pois há necessidade de usá-lo a todo momento. Nos anos idos, dizia-se, sem a consciência reclamar, **inversível**. Nos anos recentes, um matemático influente propalou que o uso correto é **invertível**, daí a polêmica. Qual a sua opinião? Um grande abraço.*

Oclide D. – Porto Alegre (RS)

Meu caro professor: seguindo os ensinamentos de nosso mestre comum, o saudoso Celso Pedro Luft – a quem dedico este livro, aliás –, já posso afirmar que considero suspeitas, de antemão, tais descobertas adventícias, feitas por essas autoridades que aparecem para me anunciar, com cara de quem está descendo do Monte Sinai, que eu estive cego e surdo todo esse tempo. Infelizmente, essa é uma postura muito comum em nosso país; volta e meia, aparece um maluco, com o olhar esgazeado, a reinventar a roda: um quer que não seja **risco de vida**, como dizia a avó da minha bisavó, mas **risco de morte**; outro clama que a entrega **a domicílio** deve ser **em domicílio**, ao contrário do que sempre foi usado por todos – incultos, cultos ou cultíssimos. O que esses fanáticos não sabem (até porque, em sua grande maioria, pouco estudo têm de Linguística e de Gramática) é que, mesmo que a forma que eles defendem seja aceitável, a outra, que eles condenam, já existia muito antes do dia em que eles próprios vieram a este mundo.

Se nos tempos idos, como você diz, era usual o emprego de **inversível** no meio especializado dos professores de Matemática, então este vocábulo, empregado até hoje em centenas, em milhares de textos técnicos, jamais deixará de existir. O que podemos assuntar é a sua vitalidade, em confronto com a de sua irmã, **invertível**. Vejamos a tabela:

converter	conversão	converso	convertido	convertível	conversível
reverter	reversão	reverso	revertido	revertível	reversível
inverter	inversão	inverso	invertido	invertível	inversível

Note como nesta família, derivada de verbos que se formaram a partir de **verter**, aparecem alternadamente os alomorfes /vert/ e /vers/ – aliás, como já ocorria no Latim. Os dicionários atuais registram **conversível** e **convertível, reversível** e **revertível**, no que fazem muito bem, porque não lhes cabe decidir, apenas opinar; no entanto, só trazem **invertível**, apoiando-se na existência de um *invertibilis* latino e esquecendo, estranhamente, a mesma possibilidade de alomorfia naquele idioma, como se vê na convivência de *conversibilis* e *convertibilis*. A ocorrência dessa dupla nas demais línguas românicas também é significativa: no Francês, usa-se apenas *inversible*; no Espanhol, temos uma preferência de *invertible* sobre *inversible* na razão de 2 por 1; no Italiano, quase só se emprega o *invertibile*. Aqui no Brasil, uma rápida passada pelo Google mostra uma divisão entre as duas formas, com razoável preferência por **inversível**. Assim é a linguagem humana, em toda sua fluidez e dinamicidade, meu caro professor. Qual das duas vai prevalecer? O uso dos técnicos e especialistas é que poderá responder a esta pergunta. No seu caso, trate de defender o **inversível**, que é boa moeda, contra a opinião de outros, que vão defender **invertível**; é desnecessário lembrar que esta polêmica só vai discutir **preferências**, pois nenhum dos lados poderá alegar que a sua é a forma **correta**. Abraço, e saudações acadêmicas. Prof. Moreno

sorvetaria

> Temos **sorveteria** e **sorvetaria**, **joalheria** e **joalharia**. Por que não teríamos também **doceria**, **doçaria**?

*Caro Professor Moreno, aprendi que o sufixo **-aria** designa lugar, como em **padaria**, **drogaria** e **doçaria**. Então, por que falamos **sorveteria** e não **sorvetaria**? Seria errado ou pedante falar desse modo? Grata.*

Maíra F. – São Paulo (SP)

Minha cara Maíra: estranho raciocínio esse seu: o fato do sufixo **-aria** designar lugar não impede que **-eria** (aliás, uma variante deste sufixo) faça o mesmo! Essas duas formas aparecem como opções em dezenas de palavras de nosso idioma: **leiteria, leitaria; lavanderia, lavandaria; joalheria, joalharia**; etc. A escolha é pessoal (geralmente, determinada também pelos hábitos da região onde vive o falante); no entanto, nota-se, no Brasil, uma acentuada preferência por **-eria** quando o sufixo se liga a um substantivo que tem **E** como vogal temática: **leiteria, sorveteria, uisqueria, joalheria, engraxateria**. Se você disser **sorvetaria** – mesmo sendo uma forma lícita, registrada nos dicionários –, vai soar como o ET de Varginha. É a velha distinção entre o certo e o adequado.

soteropolitano

Quem nasce em Salvador, na Bahia, é **salvadorense** ou **soteropolitano**; **salvadorenho** é vinho de outra pipa.

*Prezado Professor: numa prova do colégio, perguntaram como se chama o brasileiro que nasce na capital da Bahia. Minha filha respondeu **salvadorenho**,* *mas a professora marcou errado, dizendo que é **soteropolitano**. Eu nunca ouvi falar nisso e acho que a menina está certa, mas não tenho instrução suficiente para discutir com a professora. O senhor concorda comigo?*

M. P. Camargo – São Carlos (SP)

Meu prezado Camargo: a professora fez bem em recusar o **salvadorenho**, mas exagerou um pouco ao indicar a resposta apenas como **soteropolitano** (é esquisitíssimo, eu sei, mas existe).

Algumas cidades têm dois gentílicos diferentes: o usual, formado pelos processos naturais de nosso idioma, e outro mais erudito, formado artificialmente com radicais do grego ou do latim. Assim, para São Luís, no Maranhão, temos **são-luisense** e **ludovicense** (de *Ludovicus*, nome do latim tardio que deu origem ao nosso Luís); para Salvador, na Bahia, temos **salvadorense** e **soteropolitano** (do grego *soteros*, "salvador", mais *polis*, "cidade"; "**Soterópolis**", portanto, seria **Salvador** com anel de doutor e diploma na parede). Em alguns casos, só existe a forma erudita: para o estado do Rio de Janeiro, usamos **fluminense** (do Latim *flumen*, "rio", pois inicialmente se pensava que a Baía da Guanabara fosse um grande rio); para Três Corações, em Minas Gerais, usamos **tricordiano** (do Latim *tri*, "três", mais *cordis*, "coração").

Como você pode ver, sua menina errou a resposta; ou melhor, errou de Salvador: **salvadorenho** é quem nasce na república de El Salvador, não na cidade da Bahia. Aliás, a maioria dos vocábulos que usam o sufixo **-enho** são gentílicos de origem espanhola: **caraquenho** (Caracas), **caribenho** (Caribe), **cusquenho** (Cusco), **limenho** (Lima), **hondurenho** (Honduras), **panamenho** (Panamá), etc. Agora, a professora, ao meu ver, ao lado de **soteropolitano** deveria ter indicado também a variante **salvadorense**, a única que eu uso. Abraço. Prof. Moreno

cecê

O Doutor explica de onde veio o vocábulo **cecê** para designar o cheiro típico de quem não toma banho.

*Caro Professor, tenho uma dúvida quanto à sigla **CC**, usada para designar o mau cheiro proveniente das axilas. Gostaria de saber a origem desta sigla e o seu significado*

Marcelo B. – Campo Grande (MS)

Meu caro Marcelo: não sei qual a sua idade, mas acredito que você não tenha convivido com o famoso sabonete Lifebuoy da minha infância. Esse sabonete, que entrou no Brasil após o fim da Segunda Guerra Mundial, foi, por uma década, o campeão de vendas nos EUA, apoiado por uma agressiva campanha publicitária que exaltava a sua capacidade insuperável de combater o grande inimigo do sucesso pessoal: o mau cheiro do corpo. Com base em "820 testes científicos" (nem um a mais, nem um a menos), a publicidade do sabonete dizia que ele era capaz de eliminar o **B.O.** (sigla para ***body odor***, "cheiro do corpo") dos treze pontos mais perigosos da nossa pele (já tentei imaginar quais eram, mas nunca cheguei a completar os treze – a não ser que contasse duas axilas e dois pés...).

A propaganda nas revistas era sempre em forma de uma pequena história contada em quadros: aparecia, por exemplo, uma moça solitária, cercada por pares que dançavam elegantemente, e um balão reproduzia o seu pensamento: "Por que será que eu sou a única garota que não tiram para dançar?". Nos quadros seguintes, uma amiga se apiedava dela e tinha uma conversa "de mulher para mulher": o seu problema era o cheiro desagradável do seu corpo. "Mas eu tomo um banho diário", respondia a pobre mocinha, chocada com o rumo da conversa. "Sim, mas com um sabonete comum. Só Lifebuoy garante eliminar completamente o **B.O.**, sua tolinha!". No quadro final, é claro, a mocinha sorria, confiante, enquanto contava à amiga, por telefone, o sucesso que tinha feito entre os rapazes depois que trocara para Lifebuoy...

O produto foi lançado no Brasil com a mesma estratégia publicitária; os tradutores, então, passaram **B.O.** para **C.C.** (com o mesmo sentido de "cheiro do corpo"). A sigla se popularizou de tal maneira que, nos anos 80 (segundo a datação de Houaiss), transformou-se no vocábulo **cecê**, exatamente pelo mesmo processo de lexicalização que transformou **LP** em **elepê**.

cabeçada e cabeceada

> A diferença entre "dar uma **cabeçada** na trave" e "dar uma **cabeceada** na trave" é a dor que isso traz.

*Prezado Professor Moreno: eu gostaria de saber se existem os vocábulos **cabeçada** e **cabeceada**. Quando alguém bate com a cabeça acidentalmente em alguma coisa, dizemos "ele deu uma **cabeçada** na porta"; entretanto, no futebol, comumente ouvimos, e inclusive falamos, "Pelé **cabeceou** a bola"; eu já ouvi inclusive narradores dizerem "Oséas **cabeceou** a trave". Ambas as formas estão corretas? Cada uma tem uma função específica?*

Marcos I. – Porto Alegre (RS)

Meu caro Marcos: embora venha tudo de **cabeça**, são duas coisas diferentes. Em **cabeçada** (cabeça + ada), atua o sufixo **-ada**, que tem, neste caso, o sentido de "golpe dado com" – **pernada**, **patada**, **joelhada**: "Ele vinha distraído e deu uma **joelhada/cabeçada** na porta".

Em **cabeceada**, temos o particípio do verbo **cabecear**, que, no caso do futebol, significa "impulsionar com a cabeça"; é formado da mesma maneira que **passeada** (de **passear**), **bloqueada** (de **bloquear**), **freada** (de **frear**). Essa transformação do particípio/adjetivo em substantivo é um dos processos mais usados atualmente para formar abstratos deverbais (chamam-se assim os substantivos que provêm dos verbos): "Vou dar uma **olhada**", "Dá uma **lida** nisso", "Vou fazer a **chamada** dos candidatos".

Ora, se o jogador **cabeceou** a bola, ele deu uma **cabeceada**... Se eu ouvir que ele "deu uma **cabeceada** na trave", vou entender que ele aparou a bola com a cabeça e a enviou contra a trave; no entanto, se ele "deu uma **cabeçada** na trave", houve o choque de algo duro com algo mais duro ainda.

trissesquicentenário

> O Professor se une às comemorações dos 450 anos de São Paulo e explica por que não temos uma palavra específica para a data.

*Prezado professor: precisamos de um vocábulo adequado para designar o 450º aniversário da cidade de São Paulo. Outro professor que consultamos disse que é **trissesquicentenário**, mas continuamos em dúvida e resolvemos consultar o senhor, que ainda parece ser de confiança.*

Jornal do Estudante – Redação – São Paulo

Prezados amigos do **Jornal do Estudante**: fico satisfeito por gozar, entre vocês, de uma boa reputação; agrada-me essa aparência de ser confiável (embora aquele "ainda" esteja a me avisar que não deverá ser por muito tempo...). Entendo o problema de vocês: como ninguém quer andar falando por aí no **quadringentésimo quinquagésimo aniversário** da cidade, seria bom se tivéssemos um vocábulo para substituir toda essa traquitanda. No entanto, já vou avisando: percam as esperanças.

O elemento **sesqui** (literalmente, "e meio" – do Latim *semis*, "meio", mais *que*, "e") costuma indicar **uma vez e meia** a medida especificada em **X** na fórmula [sesqui + x]. No Latim, *sesquilibra* era uma libra e meia; *sesquimensis* era um mês e meio; *sesquiuncia* era uma onça e meia. Por analogia, criou-se **sesquicentenário**, um centenário e meio.

Ora, para indicar os 450 anos, criou-se artificialmente o mostrengo **trissesquicentenário**, que deveria ser decomposto, no cérebro do falante, como [três vezes um centenário e meio] – numa ingênua tentativa de transpor mecanismos da Matemática para o mundo infinitamente mais complexo que é a linguagem humana. Não é assim (graças aos deuses!) que as palavras funcionam. Os poucos lunáticos que tentaram defender essa palavra tiveram a felicidade de estar diante de uma conta redonda (450 = 150 x 3). E como ficam os 250, os 350, os 550, que não são múltiplos de 150? Nos EUA (sim, lá também há birutas de todo gênero), tentaram emplacar um *demisesquicentennial* ("meio sesquicentenário") para designar os 75 anos! Felizmente, é sempre assim que acontece quando são propostas essas palavras inviáveis: a língua vem, cheira, não gosta e aí enterra.

desinquieto

Se **desleal** é antônimo de **leal**, como é que **desinquieto** é sinônimo de **inquieto**?

*Sempre me interessei pela formação das palavras e em uma delas não consegui chegar a conclusão alguma, apesar do dicionário **Aurélio** aceitá-la. Em Minas, costuma-se falar muito que uma criança está **desinquieta**, ou seja, **agitada**. O prefixo **des-**, sendo de negação, não indicaria que ela é uma criança **não-inquieta**, ou seja, **quieta**?*

Nilza F. – Araxá (MG)

Prezada Nilza, nem sempre o **des-** vai ser prefixo

de negação. Mesmo os gramáticos mais antigos, como Said Ali, já observavam que ele pode ser usado com sentido positivo – uma espécie de intensificador –, sem que o vocábulo mude o seu significado. Essas formas prefixadas são empregadas como meras variantes das formas simples: **desinquieta** (inquieta), **desinfeliz** (infeliz), **desapartar** (apartar), **desabalar** (abalar), **desafastar** (afastar). Sugiro-lhe uma olhadela, tanto no *Houaiss* quanto no *Aurélio*, no verbete **des-**; ambos registram e exemplificam o fenômeno.

Isso não ocorre apenas com o "**des-**"; compare as dobradinhas **soprar** e **assoprar**, **levanta**r e **alevantar** (bem no início de *Os Lusíadas*), **mostrar** e **amostrar**, **baralhar** e **embaralhar**, **soalho** e **assoalho**, **renegar** e **arrenegar**, **esposar** e **desposar**. Há uma teoria de que esses seriam "falsos prefixos", já que são vazios de sentido (embora se perceba, em alguns casos, o efeito de reforço) e não chegam a formar um vocábulo novo. Se você prestar atenção, vai encontrar muitos outros exemplos.

o-ipe de **Sergipe**

Uma leitora quer saber o que significa o **-ipe** de Sergipe.

*Caro Professor: sou estudante de Letras; numa pesquisa que fizemos, fiquei intrigada com a quantidade de nomes de lugar que terminam em **-ipe**, como **Cotejipe**, **Sergipe**, **Mutuípe**, entre outros. Qual o significado deste morfema? Se possível, gostaria que* *o senhor me informasse o significado de* **Cotejipe**, *por exemplo.*

Renata M. – Salvador (BA)

Prezada Renata: confesso que o Tupi é uma das lacunas da minha formação; minha faculdade de Letras jamais ofereceu esta língua como disciplina regular, e o pouco que conheço fui colhendo aqui e ali, ao longo de minhas leituras sobre o Português do Brasil Colonial. No entanto, os deuses me sorriram e acabei encontrando na internet o curso breve do Tupi do professor Eduardo de Almeida Navarro, da USP (http://www.filologia.org.br/viicnlf/anais/caderno03-02.html), "com base nos nomes de origem tupi da geografia e do Português do Brasil". As lições são interessantíssimas; você não pode deixar de visitá-las. No que se refere à sua pergunta, nosso tupinólogo explica o seguinte: assim como nossas **preposições** vêm **antes** do nome regido (como o prefixo **pre-** já indica), o Tupi usa **posposições**, que vêm **depois**. *Pe* é uma dessas posposições, indicando "lugar onde ou para onde". Além disso, as relações que o Português exprime com a preposição **de** (**posse**: o livro **de** Pedro; **matéria**: casa **de** tijolo) são indicadas, no idioma Tupi, com a simples inversão da ordem dos componentes, mais ou menos como faz o Inglês (Pedro livro, tijolo casa – como *Peter's book, brick house*).

Por isso, enquanto a estrutura do sintagma, em nosso idioma, é [no+rio+dos+siris], em Tupi fica [siris+rio+em] – o que, traduzido na língua lá deles, fica **siri 'y-pe** (onde *siri* é o próprio, e *'y* é rio) = **Sergipe** (no rio dos **siris**). Adivinhe então, Renata, o que seria **Tatuípe**? Claro que é no "rio dos **tatus**". E **Cotejipe**, que você perguntou especificamente? Nada menos que "no rio das **cutias**". E **Coruripe**? Se pensarmos no sapo **cururu**, do poema de Manuel Bandeira, vamos nos dar conta de que é "no rio dos sapos". **Jaguaripe** só pode ser "no rio das onças", **Jacuípe**, "no rio dos jacus", e assim por diante. Vale a pena passear pelas dez lições do professor; você vai ver como muitos nomes corriqueiros têm etimologias surpreendentes. Desta vez, sua consulta serviu para que nós dois – eu e você – aprendêssemos.

Curtas

lacração ou lacreação

> Fabiano, que trabalha com impressoras fiscais, máquinas que emitem cupons fiscais nos estabelecimentos comerciais, quer saber: quando esse equipamento recebe o **lacre** que autoriza o seu uso, ele sofre o processo de **lacreação** ou de **lacração**?

Meu caro Fabiano: colocar o **lacre** é **lacrar**. Os substantivos em **-ção** derivam de verbos: **remover, remoção**; **absolver, absolvição**; **lacrar, lacração**. Para existir *****lacreação**, deveria existir, antes, o verbo *****lacrear** (o * indica uma forma agramatical).

anatomia

> Bruna, de 13 anos, gostaria de saber qual a origem da palavra **anatomia**.

Minha cara Bruna: **anatomia** é uma palavra que já nos veio prontinha do Grego, através do Latim, significando "dissecação". Nela você vai encontrar o radical **tomo**, que significa **corte**, **divisão** – presente em **tomografia**, **átomo** (que não pode ser dividido) e no próprio **tomo** (divisão de uma obra para fins de edição). Abraço. Prof. Moreno

descriminar

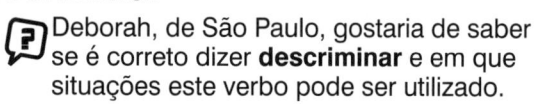

> Deborah, de São Paulo, gostaria de saber se é correto dizer **descriminar** e em que situações este verbo pode ser utilizado.

Minha cara Deborah: **descriminar** significa "legalizar, retirar da classificação de crime". Fala-se agora em **descriminar** a maconha, i. é, retirar a maconha da relação de substâncias cuja posse, venda, etc. é crime arrolado no Código Penal. Uns falam, nesse mesmo sentido, em **descriminalizar**, mas prefiro a forma mais curta, mesmo.

perviedade

> Iseu C., de Curitiba (PR), precisa escrever, em um texto médico, um termo que exprima a qualidade de "estar **pérvio**". O que seria preferível: **perviedade** ou **perviabilidade**?

Meu caro Iseu: os substantivos terminados em **-bilidade** provêm de adjetivos em **-vel**: **legível, legibilidade; permeável, permeabilidade; solúvel, solubilidade**. Logo, **pérvio** não poderia formar um **perviabilidade**. Se **óbvio** dá **obviedade**, **pérvio** deve produzir **perviedade**.

amêndoa e amendoim

> Bruno S., de Belo Horizonte (MG), quer saber se **amêndoa** e **amendoim** têm alguma relação. Será que uma palavra surgiu da outra?

Meu caro Bruno: sim, **amêndoa** e **amendoim** têm relação entre si – mas dada pelos humanos. O amendoim é nativo da América, e os portugueses o conheceram através do nome indígena **mandubi**, **mendubi** ou **mendubim**. Por analogia com **amêndoa**, palavra europeia, formou-se o **amendoim** ou **amendoí**.

morador de ilha

> Adroaldo, de Florianópolis (SC), quer saber como se chama aquele que habita uma ilha. "Pode ser chamado de **ilhéu** (pequena ilha)? Não seria o caso de ser chamado de **insulano**?"

Meu caro Adroaldo: quanto ao habitante da ilha, pode ser **insulano**, **ilhéu** ou **islenho**; no Brasil, parece haver preferência por **ilhéu** (que também significa **ilhota**).

imbricamento

> Flávia, de Recife, está revisando uma dissertação de mestrado e precisa escolher entre **imbricamento** e **imbricação**.

Minha cara Flávia: ambos os sufixos (**-mento** e **-ção**) servem para formar substantivos abstratos a partir de verbos: **surgimento**, **planejamento**; **revelação**, **destruição**. Os radicais selecionam esses sufixos de uma forma que desafia uma padronização; por isso mesmo, em muitos casos, é indiferente formarmos um derivado com um ou com outro sufixo. Na Medicina, coexistem **monitoramento** e **monitoração**. Nós falamos, no Brasil, em **congelamento** de comida; em Portugal, falam de **congelação**. No seu caso, valeriam os dois – **imbricamento** e **imbricação**. Contudo, como o segundo está expressamente registrado no *Houaiss* e no *Aurélio*, fique com essa forma, que não tem quem ouse contestá-la.

guarda-noturno não é derivado

Geraldo, professor de Português, pergunta se **guarda-noturno** é um vocábulo derivado. "Vi essa classificação numa gramática, mas compartilhei esta dúvida com outros três colegas – e nenhum de nós achou que essa era uma classificação correta."

Meu caro Geraldo: os vocábulos novos nascem, no Português, de duas maneiras básicas: (1) ou partimos de um radical e acrescentamos afixos (prefixos ou sufixos) – é a **derivação**; (2) ou juntamos dois vocábulos, cada um com seu radical próprio – é a **composição**. **Guarda-noturno** é formado por composição, unindo dois vocábulos completamente independentes (um deles, aliás – **noturno** – formado por derivação de **noite**). Não há como confundir os dois processos.

viçosidade

Vânia, de Ourinhos (MG), gostaria de saber se é correto usar a expressão **viçosidade** para a qualidade da pele viçosa.

Prezada Vânia: a língua não precisou formar **viçosidade** porque já dispõe de um termo para designar a qualidade do que é viçoso: **viço**. Fala-se do "viço da pele", como se fala do **"viço** das plantas". É bem antiga e dispensa similares.

continuação, continuidade

Judival, de Brasília, quer saber se a frase correta é "...optamos pela **continuação** da greve" ou "...optamos pela **continuidade** da greve".

Meu caro Judival: a gente opta pela **continuação** da greve. Ela vai continuar; é isso. Não estamos falando de **continuidade** ou **descontinuidade** (se sofre ou não sofre interrupções, se é **contínua** ou **descontínua**).

profissão: boquista

Vanessa P., de São Paulo, recebeu, na empresa em que trabalha, o currículo de uma candidata que, no campo "Experiências Anteriores", indicou ter sido **boquista** durante vários anos. "Por favor, não consegui localizar em dicionário algum essa palavra."

Minha cara Vanessa: nossa, que palavrinha mais feia! Se você for ao sítio do **Casseta e Planeta**, certamente vão te dar uma resposta daquelas! Olhe, já ouvi o termo em referência a uma especialidade da profissão de soprador de vidro, não lembro bem se de vidraria para laboratório – mas é uma vaga lembrança. Bem mais comuns são os **boquistas**, como chamam os vendedores de automóveis que trabalham na famosa Boca, em São Paulo.

vocábulo inexistente

> Lioncio C., de Brasília, quer saber se há algum nome específico para designar uma pessoa que é **compradora compulsiva de livros**.

Meu caro Lioncio: olha, se nem temos um bom vocábulo para **comprador compulsivo**, muito menos teríamos para **comprador compulsivo de livros**. Pode ser até que algum artista da palavra (no mau sentido...) venha a montar um daqueles compostos eruditos, cheios de Grego e de Latim (os jornais ingleses, por exemplo, adoram essas invenções esquisitas), mas jamais virá a ser um vocábulo da língua, principalmente por nomear um tipo humano que, no Brasil, é tão raro que chega a ser exótico ("alguém que compra livros compulsivamente!" Numa terra em que comprar livros já não é comum...).

atingimento?

> Romy B., Técnica em Planejamento, escreve: "Trabalho com acompanhamento de projetos, verificando se as metas estão sendo atingidas. Posso dizer que acompanho o **atingimento** das metas? Está correto este termo?".

Prezada Romy: não vejo por que não existiria **atingimento**. Se de **fingir** e **tingir** nominalizamos para **fingimento** e **tingimento**, respectivamente, não há razão para bloquear o mesmo processo para o verbo **atingir**. Nunca esqueça que o léxico de uma língua é composto de todas as palavras que já foram formadas e registradas, mais todas aquelas que ele, potencialmente, virá a formar – respeitadas as regras da fonologia e da morfologia daquela língua. Uma pesquisa no Google revelou mais de 5.300 ocorrências para esta palavra – inclusive no texto de leis e outros documentos jurídicos; os dicionários atuais é que ainda não a registraram, como também não registraram centenas de vocábulos usuais. Pode usar sem risco.

diminutivo de **texto**

> A leitora Adriana achava que o diminutivo de texto era **textinho**, mas disseram-lhe que seria **testículo**. Pergunta: "Isso é verdade ou um absurdo?".

Prezada Adriana: isso é uma velha piada do meu tempo de ginásio; o diminutivo de **texto** é **textinho** ou **textozinho**, como quiser, mas nunca testículo. Diminutivo de **texto**, aumentativo de **tese** – eu e meus colegas nos divertíamos com bobagens assim, mas tínhamos apenas doze anos.

overdose, superdose

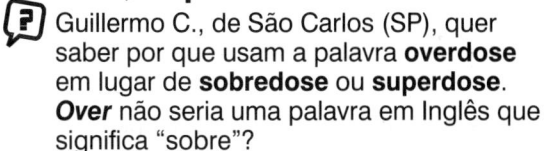

> Guillermo C., de São Carlos (SP), quer saber por que usam a palavra **overdose** em lugar de **sobredose** ou **superdose**. *Over* não seria uma palavra em Inglês que significa "sobre"?

Caro Guillermo: sim, ***overdose*** vem do Inglês (na gíria dos viciados americanos, ***OD*** – lê-se /oudi/). Em Português seria **superdose**. Por que usam essa palavra aqui, em vez da nacional? Acho que não é por esnobismo ou por vontade de imitar o estrangeiro, dessa vez: é que **superdose** tem um sentido genérico demais para ser útil. Eu posso tomar uma **superdose** de vitamina C quando me sinto gripado, ou posso pedir ao homem do bar para servir uma **superdose** de uísque – mas não se trataria de uma **overdose**. Este vocábulo, sim, está indissociavelmente ligado às drogas pesadas. Além disso, **overdose**, ao contrário da outra, sempre sugere graves consequências médicas. Abraço. Prof. Moreno

disponibilizar

> Nilton P. registra, com desagrado, o hábito de muita gente empregar **disponibilizar** e **disponibilização**. Não encontrou essas palavras nos dicionários que consultou. "Além disso, o *Manual de Redação e Estilo do Estadão* diz que **disponibilizar** não existe. Como se poderiam substituir essas expressões de maneira correta?"

Meu caro Nilton: você precisa entender que jornalista não é autoridade em Língua Portuguesa, mas apenas um usuário mais atento, com grande experiência. Esses manuais de estilo para jornal obedecem a uma utilidade bem específica: fixar o uso dentro de uma determinada empresa. Não servem como referência para ninguém. O simples fato de dizer que um verbo tão usado "não existe" já revela, para quem é do ramo, que o autor não fez o seu curso de Linguística. Se olharmos no *Houaiss*, que é o melhor dicionário de Português até agora publicado, vamos encontrar, serenamente disposto entre os demais vocábulos, o verbo **disponibilizar** (com a consequente possibilidade de derivar o substantivo abstrato **disponibilização**).

antônimo de **inadimplente**

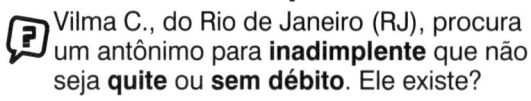

> Vilma C., do Rio de Janeiro (RJ), procura um antônimo para **inadimplente** que não seja **quite** ou **sem débito**. Ele existe?

Prezada Vilma: você deve ter notado que **inadimplente** é formado pelo prefixo de negação **IN**, que foi acrescentado a **adimplente**. Esse é o antônimo que você procura, e é bastante usado em Direito (os candidatos adimplentes, etc.).

leitão é aumentativo?

> Roberto L., de Barreiras (BA), quer saber qual o motivo para chamar o filhote do porco de **leitão**. "Conforme o *Aurélio*, vem de **leite** + **ão**; ora, sendo o filhote, qual o motivo para usarmos o sufixo **-ão**, que é aumentativo, e não **-inho**?"

Prezado Roberto: o final **-ão** de **leitão** não é o nosso tradicional indicador de aumentativo; neste caso, ele traz uma ideia intensificada de hábito, de ação frequente (como **chorão**, **fujão**). Pois você não estranhou que o filhote de um porco use o radical de **leite**? Evidentemente, o nome designa o animal que ainda está sendo amamentado – algo assim como o **mamão** ("que ainda mama") que empregamos para os cordeiros.

aumentativo de **pão**

> Arnaldo C., de São Paulo (SP), diz que há tempos procura o aumentativo de **pão**, mas não o encontra em lugar algum.

Meu caro Arnaldo: é um aumentativo regular, em -[z]ão: **pãozão**, com dois tis (oposto ao **pãozinho**).

colherinha ou **colherzinha**?

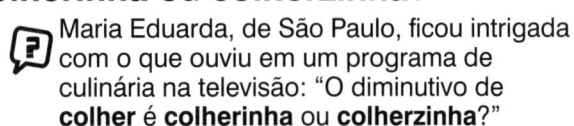

> Maria Eduarda, de São Paulo, ficou intrigada com o que ouviu em um programa de culinária na televisão: "O diminutivo de **colher** é **colherinha** ou **colherzinha**?"

Prezada Maria Eduarda: como no caso de muitos substantivos, você pode tanto formar o diminutivo em **-inho** como em **-zinho**: **colherzinha, colherinha; livrinho, livrozinho; menininho, meninozinho; papelzinho, papelinho** (Portugal); **mulherzinha, mulherinha** (Portugal); **nuazinha, nuinha** – e assim por diante.

trailer, trêiler

> Dea M., de Brasília (DF), quer saber tudo sobre a palavra *trailer*. "O certo é *treiler*, *trailler* ou *trailer*? Trata-se de galicismo? E como fica no plural?"

Prezada Dea: se você escrever em Inglês, é *trailer*, plural *trailers*; a forma aportuguesada, que muitos já estão usando, é **trêiler**; o plural é **trêileres** (como **hambúrguer, hambúrgueres**). Se vem do Inglês, não pode ser **galicismo**; esses vêm exclusivamente do Francês (os gauleses, lembra?).

portfolio, portifólio

> Paulo Ricardo, de Porto Alegre (RS), andou pesquisando nos dicionários a grafia de **portfolio** e continuou com dúvida, porque encontrou também a forma acentuada **portfólio**.

Meu caro Paulo Ricardo: a forma correta é *portfolio* – em itálico e sem acento, porque ainda é vocábulo do Inglês (assim registra o mais novo e melhor dicionário que temos em nosso idioma, o *Houaiss*). Se vier a ser aportuguesada (o que acredito que vai acontecer em breve, tamanho é o uso que se faz desse vocábulo na publicidade e nas artes gráficas), vai dar algo como **portifólio**, forma que, aliás, eu já uso há alguns anos. Note que, neste caso, a palavra passa a ter acento e um l para desmanchar aquele encontro consonantal /RTF/, inexistente nos nossos padrões fonológicos. *Aurélio-vivo*, o da 2ª edição, registra **porta-fólio**, que tem lógica, mas é muito estranha. A forma esquisita **portfólio** (com acento, mas sem o l) veio registrada no confuso *Aurélio-XXI*, que introduziu várias novidades discutíveis depois que faleceu o mestre Aurélio Buarque de Holanda.

onzentésimo?

> Khristofferson, de Macaé (RJ), pergunta sobre o numeral ordinal correspondente a 111. "Lendo a magnífica obra *O Senhor dos Anéis*, há alguns anos, me deparei com a expressão **onzentésimo aniversário** para representar o aniversário em que o personagem comemorava seus 111 anos. Esta expressão é válida?"

Meu caro Khristofferson: isso é uma brincadeira da turma do Tolkien, e não deve ser levada a sério fora do mundo tolkieniano – tanto quanto elfos e duendes. Aqui fora, é um burocrático **centésimo décimo primeiro**. É mais ou menos como dizia o ascensorista de uma grande loja, de brincadeira, falando do 11º andar: **Ônzimo**: brinquedos, roupas infantis!

formação de adjetivo

Arlan S., do Rio de Janeiro, quer saber como adjetivar uma composição química destinada a revestir uma superfície: "Sugeriram-me **composição revestível**, mas não me satisfiz. No meu entender, a construção é dúbia, pois tanto pode se referir a uma composição que reveste algo como também a uma composição que aceita revestimento".

Meu caro Arlan: sua estranheza quanto a **revestível** é justificada. O sufixo **-vel** tem sentido passivo e geralmente indica "aquele que pode ser": **descartável**, **inteligível**, **dobrável**. No seu caso, deveria ser usado um sufixo **agentivo** ("aquele que faz"); a forma que me parece mais viável seria **composição revestidora** (assim como **verniz selador**, **película protetora**).

aumentativo de **rio**

A leitora Solange M. percebeu que um assunto simples como os aumentativos e diminutivos também pode esconder armadilhas: "Pelo que entendi, consultando os dicionários, não há aumentativo para a palavra **rio**; estou certa?".

Prezada Solange: fazemos aumentativos ou diminutivos de qualquer substantivo; basta querer ou sentir necessidade. Já usei, e já vi várias vezes usado, o aumentativo **riozão**, assim como **friozão**, **marzão**, etc. Não se iluda com os dicionários: por razões de economia, deixam de registrar a maior parte dos aumentativos e dos diminutivos, já que eles obedecem a processos quase automáticos de formação e podem ser intuídos pelo falante.

2. Como se usa: morfologia e flexões

O sistema de flexão do Português é muito simples, se o compararmos com o da nossa língua-mãe, o Latim. Nossos substantivos, em sua grande maioria, pertencem a um único gênero, distribuindo-se pacificamente entre **femininos** (**parede, agulha, colher, aguardente**) e **masculinos** (**muro, alfinete, mar, nariz**). Os que têm os dois gêneros (geralmente os que se referem a seres vivos e sexuados) seguem um padrão básico que pouco varia, como demonstrou o brilhante Mattoso Câmara Jr., o pai da Linguística no Brasil: o feminino é assinalado pela terminação **A**, enquanto o masculino se caracteriza pela ausência desse mesmo **A**, como podemos ver em **mestrA, professorA e alunA**, em oposição a **mestre, professor e aluno**. Poucos são os casos que ficam fora deste sistema geral: exemplos como **avô-avó, réu-ré** ou **ator-atriz** não são numerosos e não oferecem maiores dificuldades para o falante.

É evidente que a progressiva ascensão social da mulher, com sua entrada definitiva na vida pública e no mercado de trabalho, criou novas situações que passaram a exigir o feminino de vocábulos que antes não eram flexionados. Isso não trouxe problema algum para o Português: como em qualquer outra língua humana, os mecanismos que funcionam em sua estrutura estão capacitados a absorver o antigo e o novo, o previsto e o imprevisto. Se as funções de **sargento, deputado** e **árbitro**, na vida real, podem ser desempenhadas por mulheres, nossa língua docilmente produz as formas correspondentes de **sargenta**, **deputada** e **árbitra**. Há quem as veja com estranheza, assim como há quem veja com estranheza as mulheres se dedicarem a ocupações que antes eram exclusivamente masculinas; no entanto, tanto uns quanto outros vão ter de se curvar diante da inexorável força da realidade.

Na nossa flexão nominal, o ponto mais escorregadio para o falante será, sem dúvida, aquele pequeno grupo de substantivos cujo gênero não está bem sedimentado, isto é, aqueles substantivos em que todos hesitamos na hora de classificar como masculinos ou femininos. É **um** ou **uma** avestruz? E **omelete**? E **chaminé**? E **vernissagem**? Como vamos ver, em todos esses casos precisamos optar por um ou por outro gênero, examinando a opinião dos gramáticos e dos dicionaristas, ouvindo a lição dos escritores e – não menos importante! – prestando atenção ao tratamento que as pessoas cultas de nosso século dão a esses vocábulos.

A flexão de número é ainda mais simples: forma-se o plural acrescentando **S** ao singular. Nas palavras terminadas em vogal, isso se faz sem sobressaltos; nas que terminam em consoante, haverá a necessidade de alguns ajustes fonológicos, os quais, felizmente, vão-se repetir sempre que nos defrontarmos com palavras semelhantes. Se **pastel** faz **pastéis**, isso também valerá para **papel**, **quartel**, **carrossel e gel**; se **barril** faz **barris**, assim também acontecerá com **funil**, **canil**, **sutil** e **refil**. É com base nessas regularidades que podemos determinar a flexão de palavras novas, mesmo as recém-chegadas do estrangeiro: sabemos que o plural de **hambúrguer** e **pôster** é **hambúrgueres** e **pôsteres** porque já conhecemos **revólveres**, **repórteres**, **cânceres** e **fêmures**.

Uma dificuldade adicional aparece no caso dos **vocábulos compostos**, pois abre-se a possibilidade de flexionar ambos os elementos ou apenas um deles, dependendo do caso. Não é de estranhar, portanto, que vários dos artigos que apresento a seguir tratem de problemas referentes à flexão desse tipo de palavra.

gênero dos países

Como saber se um país é masculino ou feminino?

*Prezado Professor: quando vamos usar o artigo definido antes do nome de um país, precisamos saber se ele é masculino ou feminino, para fazer a concordância: **O** Paraguai, mas **A** Venezuela. Onde posso pesquisar sobre o gênero dos países?*

Marta G. (11 anos) – Juiz de Fora (MG)

Minha prezada Marta: na gramática, o gênero dos seres sexuados é sempre idêntico ao da biologia: a **vaca**, a **cabra** e a **mulher** são femininos, enquanto o **boi**, o **bode** e o **homem** são masculinos. A língua, no entanto, atribui aos demais substantivos um gênero que é totalmente arbitrário; eles vão ser considerados masculinos ou femininos por várias razões, entre as quais predomina o padrão fonológico – ou seja, há terminações associadas ao masculino e outras associadas ao feminino. Não há nada que torne o **Uruguai** masculino e a **Venezuela** feminina além da terminação: nosso idioma trata os nomes de países, regiões, estados como **femininos** quando terminam em **"A" átono**, e como **masculinos** em todos os demais casos:

Femininos: China, Sibéria, Patagônia, Austrália, Alemanha, Paraíba, Europa, Ásia, Noruega, Groenlândia, Andaluzia, Bélgica, Croácia, Malásia, Índia, Austrália, etc.

Masculinos: Peru, Japão, Chile, Brasil, Goiás, Ceará, Sergipe, México, Panamá, Haiti, Marrocos, Egito, Irã, Portugal, Canadá, Panamá (o **"A"** é tônico), Uruguai, Israel, etc.

Que eu me lembre, só dois países rompem esse princípio: trata-se do **Quênia** e do **Camboja**, que terminam em **"A"**, mas são considerados masculinos. Como você pode ver, há um padrão por trás de tudo isso, e nosso idioma é mais organizado do que geralmente se pensa.

a cal

*Prezado Professor: quer dizer que **cal**, **febre** e **moral**, que eu tratava com uma certa distância, por pensar que fossem **masculinos**, de acordo com o dicionário são femininos? Posso então tratá-los com mais delicadeza, já que são, na verdade, elementos do sexo frágil? E agora, acredito nisso? Agradeço; um abraço.*

Jorge Augusto

Meu caro Jorge Augusto: sua estranheza com relação ao vocábulo **cal** é compartilhada pela maioria dos brasileiros, que veem nele um masculino como **sal** ou **mal**; a tradição erudita, contudo, conserva o gênero no feminino, como era tradicionalmente. Ora, sabemos que o gênero dos substantivos que não estão ligados a seres vivos pode muitas vezes alterar-se ao longo da evolução do idioma; **planeta** e **cometa** eram femininos para Camões, mas hoje são masculinos. Em outros casos – como **hélice**, **sucuri** ou **avestruz** –, o gênero é **flutuante**, cabendo ao falante escolher. Acho que **cal** vai fazer parte deste último grupo.

Com relação a **moral**, você estava perdendo metade do filme: existe **A moral**, conjunto de princípios éticos que rege uma comunidade ("O filme atenta contra a **moral estabelecida**"), e existe **O moral**, ânimo, estado de espírito ("**O moral** da seleção está cada vez mais **baixo**") – nesse último caso, corresponde ao popular **astral**.

Agora, **febre**? Ô, Jorge Augusto, é a primeira vez que vejo alguém tentar usar este vocábulo no masculino! Por acaso você nunca ouviu falar de **febre terçã**, de **febre amarela**, de **febre aftosa** – sempre com o adjetivo concordando no **feminino**?

nenhuns

> Uma leitora brasileira que mora em Portugal estranha o emprego dos plurais **bastantes** e **nenhuns**.

*Prezado Professor: sou paulistana, mas moro em Portugal há dois anos. Estranho muito quando as pessoas falam "Há **bastantes** carros nas ruas?"; "Não, não há **nenhuns** carros nas ruas". Como pode existir plural neste tipo de advérbio? O meu chefe, que é português, já teimou comigo que sou eu quem fala errado! Ora, que eu saiba é redundante colocar plural nessas palavras que expressam quantidade, mas que não servem para quantificar em números alguma coisa. Ficaria melhor dizer **muitos** ou **nenhum**. Estou certa?*

Patrícia C. – Porto (Portugal)

Minha cara Patrícia: sinto dizer, mas seus colegas estão corretos. **Bastante**, na frase que você menciona, não é advérbio (se fosse, realmente seria invariável), mas um **pronome indefinido**. Nós também o usamos assim, com uma única diferença: no Brasil, ele adquire o sentido de "suficiente": "Tenho razões **bastantes** para concluir que...".

Lembro que aqui se costuma usar, na linguagem coloquial, um **bastante** invariável que substituiria "muito, muitos, muita, muitas": "coma bastante fruta", "tenho bastante livros", "comprei bastante revistas". Nossa gramática formal, no entanto, condena essa esquisita substituição de um pronome indefinido variável (**muito**) por um advérbio.

O **nenhuns** que você estranha é o polo oposto de **alguns**; mais uma vez, não se trata de um advérbio, e sim de outro pronome indefinido. Confesso que soa muito mal, mas não há nada de errado aqui; ocorre apenas que os brasileiros não empregam este pronome no plural. "Conheço **alguns** restaurantes" é normal, mas uma frase como "não conheço **nenhuns** restaurantes" soa esquisito para nós, que preferimos (como você mesma o faz) utilizar simplesmente o singular ("não conheço **nenhum** restaurante"). Posso mencionar vários escritores que usaram esse plural: Alexandre Herculano, Capistrano de Abreu, José Veríssimo, Júlio Dinis, Rui Barbosa, Euclides da Cunha ("O coronel Carlos Teles, em carta dirigida à imprensa, afirmou de maneira clara o número reduzido de jagunços – duzentos homens válidos, talvez sem recursos **nenhuns**" – *Os Sertões*), Eça de Queirós ("Ega afirmou logo que em poemas **nenhuns** corria, como nos do Alencar, uma tão bela veia lírica" – *Os Maias*), o grande Machado de Assis ("Simples era a mobília, **nenhuns** adornos, uma estante de jacarandá, com livros grossos in-quarto e in-fólio; uma secretária, duas cadeiras de repouso e pouco mais" – *Helena*). Hoje, no entanto, **nenhuns** deixou de fazer parte da língua literária do Brasil; ao que parece, contudo, continua vivo aí em Portugal. Ambas as formas estão corretas; é apenas questão de uso e de preferência.

ela foi o **segundo juiz**

Ao contrário do que muita gente pensa, o Português sempre privilegiou o gênero feminino.

Prezado Professor: um jornal de destaque em nossa capital estampou a seguinte manchete:

*"Denise Carvalho foi o **segundo juiz** afastado do cargo pelo TJ em razão de investigação envolvendo decisão contra a Petrobras".* O substantivo juiz, no masculino, está empregado corretamente para se referir à juíza?

Marcela A. – Goiânia (GO)

Minha cara Marcela: o jornal está corretíssimo. Como o gênero feminino sempre exclui o masculino, se escrevessem que ela foi **a segunda juíza** afastada do cargo, estariam afirmando que duas juízas tinham sido afastadas. Como, ao que parece, não foi o caso, **o segundo juiz** engloba o masculino e o feminino.

Esta é uma das características do nosso idioma que vem sendo desconsiderada por muitas feministas: ele é muito menos machista do que se pensa. Enquanto, para a Psicologia, a mulher pertence ao gênero não-marcado, ocorre exatamente o inverso no Português. Mattoso Câmara Jr. há muito matou a charada: a marca do plural é o **-S**, enquanto o singular se assinala pela ausência desse **-S**; a marca do feminino é o **-A**, enquanto o masculino se assinala pela ausência desse **-A**. Ninguém duvida que **aluna**, **mestra** e **cantora** sejam femininos, porque ali está a marca; ninguém duvida que **aluno**, **mestre** e **cantor** sejam masculinos, porque ali NÃO está a marca. Por isso, sempre que queremos ser **genéricos**, podemos usar o **singular**, **masculino** (número e gênero não-marcados): "O **brasileiro** trabalha mais do que se pensa" (entenda-se: **todos**). Exatamente por perceber essa indefinição do gênero masculino das palavras é que as pessoas sentem a necessidade de especificar quando mais de um sexo estiver envolvido: "Tenho três **filhos** homens", "Tenho três **filhos**: um homem e duas mulheres" – o que não acontece com "Tenho três **filhas**".

Essa inconfundível marca feminina exclui automaticamente todos os homens. Se um jornal publicar que "Maria foi **a vereadora mais votada** na cidade", ele estará dizendo que, entre as vereadoras eleitas, Maria foi a mais votada. Agora, se estampar que "Maria foi **o vereador mais votado** na cidade", estará dizendo que Maria obteve a maior votação entre todos os vereadores (homens e mulheres).

árbitra

Mulher que apita jogo de futebol é **árbitro** ou **árbitra**?

*Prezado Doutor: num dos últimos jogos pelo campeonato brasileiro de futebol, o destaque ficou por conta da (e aí é que está a dúvida!) **árbitra** Sílvia Regina de Oliveira. No dia seguinte ao jogo, mais do que as estripulias da senhora Sílvia, discutia-se sobre o **gênero** desse substantivo. Por favor, nos socorra, porque a discussão está muito forte aqui na turma. Um abraço.*

Eusébio

Meu caro Eusébio: não vejo nada de novo aqui. Sempre se usou **árbitra**. Pode ser novidade no futebol, mas em outros esportes já é coisa velha. Os que se negam a usar esse feminino deveriam pensar então no seu sinônimo, **juiz** (aliás, muito mais usado, principalmente na garganta das torcidas); por acaso eles também não querem aceitar **juíza**? Ora, isso é apenas falta de hábito; quando apareceu a primeira senadora, a primeira governadora, a primeira primeira-ministra, houve também alguma reação, mas a sólida realidade, que é o que manda no nosso idioma, tratou de acalmar os ânimos.

Outro problema, bem mais sutil, surge quando falamos no cargo **genericamente**, pois aí podemos empregar (eu até prefiro!) o masculino, que serve para todo mundo: "**O árbitro** da partida foi a senhora Sílvia Regina", assim como "**O relator** da matéria foi a desembargadora Ana dos Anzóis". Não se esqueça de que o feminino, por ser marcado, exclui o masculino, mas o inverso não é verdadeiro. Retomo o que eu explicava no artigo anterior: se digo "**o vereador** mais votado foi Maria da Silva", estou dizendo que, **entre os vereadores** (homens e mulheres), Maria da Silva foi quem mais votos conquistou. Agora, se digo que "**a vereadora** mais votada foi Maria da Silva", estou dizendo que, **entre as vereadoras** (só as mulheres, homens fora), Maria da Silva saiu ganhando. Se escolherem a Sílvia como "**o pior árbitro** do campeonato", ela levou a palma de todo o mundo; no entanto, se a escolherem como "**a pior árbitra** do campeonato", ela estará sendo comparada apenas às demais mulheres (que ainda não atuam, mas, como qualquer homem sabe e teme, vão terminar atuando). Portanto, vocês devem ir se acostumando com frases como "**a árbitra**, em sua entrevista, declarou", "**as árbitras** costumam distribuir cartões com uma espantosa facilidade", e coisas assim.

aluguéis ou alugueres?

> Um leitor de Curitiba quer saber se o plural de **aluguel** pode ser **alugueres**. Só quando o plural de **pastel** for **pasteres**!

*Professor: qual é o plural correto de **aluguel**? **Aluguéis** ou **alugueres**?*

Rafael S. – Curitiba (PR)

Prezado Rafael: o substantivo **aluguel** forma o plural esperado para os vocábulos que têm essa terminação: **pastel**, **pastéis**; **papel**, **papéis**; **aluguel**, **aluguéis**. Acontece que podemos (eu acho horrível!) usar também a forma clássica **aluguer**, que é a preferida no Português Europeu; aqui no Brasil, muitos advogados o fazem, ou porque são lusófilos, ou porque isso lhes dá a esperança de aparentar a erudição que não têm. Nesse caso, o plural é obviamente **alugueres** (como **mulher**, **mulheres**; **clister**, **clisteres**). A escolha é livre; o importante é não misturar uma forma com a outra: ou **aluguel**, **aluguéis**, ou **aluguer**, **alugueres**.

softwares

> O Professor adverte: as palavras estrangeiras que ingressam em nosso idioma devem receber tratamento idêntico às nacionais.

Olá, Professor! Trabalho em uma agência de publicidade, e um cliente de tecnologia disse que não existe o plural da palavra **software**. *Consultei o* **Houaiss** *e ele não diz nada sobre isso. O cliente está correto? Obrigada.*

Carolina G. – São Paulo (SP)

Prezada Carolina: no Inglês culto formal, ***hardware*** e ***software*** ainda são considerados substantivos não-contáveis (***mass nouns***), o que faz com que o emprego do plural seja desaconselhado pela maioria dos gramáticos daquele idioma. Para o resto das línguas do planeta, contudo, a opinião dos gramáticos do Inglês vale menos que um tostão furado, e os dois vocábulos, que entraram no vocabulário tecnológico de dezenas de países, passaram por uma evidente evolução. Inicialmente, quando ***software*** designava a parte não-física da máquina (como na velha piada: "***Software*** é o que a gente xinga, ***hardware*** é o que a gente chuta"), era comum usar-se este vocábulo apenas no singular; no entanto, no momento em que ele passou também a significar "programa de computador", o plural passou a ser empregado largamente. Só para você ter uma ideia, a forma pluralizada ***softwares*** – abra bem os olhos! – bateu 2.140.000 ocorrências no Google; quase todas essas páginas são escritas em países cuja língua nativa usa o **S** como marca do plural (Português, Francês, Espanhol, por exemplo) ou em países cuja língua, apesar de marcar seus plurais de outra forma, usa o **S** para os plurais estrangeiros (como o Alemão e o Italiano). É natural que assim aconteça, porque os falantes de todos esses idiomas tratam ***software*** como um substantivo normal, desconhecendo a classificação de "não-contáveis" que a gramática do Inglês atribui a ele.

Quando os vocábulos migram, eles acabam, assim como as pessoas, submetendo-se às leis do seu novo país. Não importa que gramáticos ingleses considerem **e-mail** como um não-contável, porque o mundo inteiro envia e recebe **e-mails** (no plural); não importa que, em Inglês, o plural de **mouse** seja **mice**; para nós, é **mouses** mesmo. E tem mais: como a internet é uma estrada que vai e vem, os próprios falantes do Inglês começam a aceitar esses plurais – a julgar pelo considerável número de artigos americanos, ingleses e canadenses que condenam a sua adoção (e que não seriam escritos se não houvesse simpatia pelas novas formas). A forma **mouses**, aliás, vem recebendo a preferência dos usuários técnicos e já está registrada num dicionário importante como é o **American Heritage**.

Prezada Carolina: o cliente disse que esse plural "não existe"? Ele não entende nada de linguagem. Ele poderia alegar, isso sim, que o singular é a forma recomendada no Inglês culto, ou também no uso técnico, quando estiver em jogo a oposição conceptual "**hardware** x **software**". Aqui, no entanto, é diferente.

cenoura ou cenoira

Uma leitora pergunta o que é **cenoira**; ora, diz o Professor, é aquilo que os coelhos comem em Portugal.

Prezado Professor, gostaria que o senhor me ajudasse, respondendo o que significa a palavra **cenoira**.

Lydianne – João Pessoa (PB)

Minha cara Lydianne: a **cenoira** é a comida preferida dos coelhos em algumas regiões de Portugal. Em muitos vocábulos de nosso idioma, o ditongo **OU** alterna (ou alternou) com **OI**; o *Formulário Ortográfico de 1943* considera esse um fato normal e cita, como exemplos, **balouçar** e **baloiçar**, **calouro** e **caloiro**, **dourar** e **doirar**. Embora essa alternância ocorra principalmente antes de **R** (**touro**, **toiro**; **tesoura**, **tesoira**; **ceroula**, **ceroila**), ela já se manifestou em pares como **dois**, **dous**; **noite**, **noute**; **biscoito**, **biscouto**; **coisa**, **cousa**; **ouço**, **oiço**. Em todos os pares que mencionei, há uma tendência geral do Português Brasileiro em escolher a primeira variante, enquanto a segunda ainda aparece, com alguma frequência, no Português Europeu (chamamos assim o Português falado em Portugal).

Em certos casos, a hesitação ainda vive entre nós: podemos ouvir, aqui mesmo no Brasil, **toucinho** e **toicinho**, **louro** e **loiro**. Isso é normal; as duas variantes convivem por algum tempo, até que uma delas tenha a preferência estabilizada pelo uso. O tempo vai alterando algumas formas e fixando outras; Castro Alves, na 1ª edição de *O Navio Negreiro*, em 1868, assim escreveu:

> 'Stamos em pleno mar... **Doudo** no espaço
> Brinca o luar – **doirada** borboleta
> E as vagas após ele correm... cansam
> Como turba de infantes inquieta.

Se trocássemos, numa edição moderna, **doudo** por **doido** e **doirada** por **dourada**, a alteração passaria despercebida pela quase totalidade dos leitores. Aliás, muitas editoras têm feito isso, considerando que essa atualização não desfigura a sonoridade dos versos originais, mas isso é discussão fora da minha horta; deixo-a para os doutores em Literatura.

degrais?

Uma jovem baianinha estranha o cartaz de sua escola que proíbe os alunos de sentar nos *degrais.

*Prezado Professor: há um cartaz em nossa escola que diz "Não sente nos **degrais**". Não deveria ser **degraus**? Obrigada por responder.*

Paula (10 anos) – Salvador (BA)

Minha prezada Paula, tão jovem e já tão atenta para os problemas de nosso idioma: você tem toda a razão. O plural de **degrau** é **degraus**, como o de todos os vocábulos terminados no ditongo **AU** – **mingau**, **mingaus**; **luau**, **luaus**. O que deve ter atrapalhado a pessoa que escreveu essa preciosidade de cartaz é a semelhança fonética com os vocábulos terminados em **AL**, que fazem o plural em **AIS**: **jornal**, **jornais**; **quintal**, **quintais**. A mesma confusão às vezes se manifesta entre os terminados em **ÉU** e os terminados em **EL**: **chapéu**, **chapéus**; **escarcéu**, **escarcéus**; **ilhéu**, **ilhéus**; mas **papel**, **papéis**; **tonel**, **tonéis**.

Na cidade em que nasci, corria uma anedota sobre um famoso prefeito que, apesar de honesto e competente, tinha pouco ou quase nenhum estudo e vivia tropeçando da Língua Portuguesa. Certa feita, ao discursar de improviso na recepção de três atletas locais que tinham sido premiados em diferentes modalidades olímpicas, percebeu que não sabia se o plural de **troféu** era **troféus** ou **troféis** (note, Paulinha, que ele já estava ficando mais sabido, pois ao menos deu-se conta da dificuldade). Fez então o que fazemos muitas vezes quando encontramos um desses "**recifes**" gramaticais – desviou e passou pelo lado: "Eu ia saudar esses atletas pelo **troféu** conquistado, mas agora me dou conta que não foi só um, foram três!". Seria mais ou menos como o cartaz do colégio dizer: "Não sente no **degrau** – em nenhum deles!".

plural de **sim** e de **não**

> *Ó dúvida atroz ! Por favor, o **sim** e o **não** podem ser flexionados, isto é, usados no plural?*
>
> Bayard – Belo Horizonte (MG)

Prezado Bayard: esta é uma dúvida razoável, mas chamá-la de **atroz** já é exagero (por que será que você e muitos outros leitores ficam melodramáticos quando vêm fazer perguntas? Sossegue, que a banca aqui é risonha e franca). Quanto à sua dúvida, a resposta é **sim**, eles podem ser usados no plural. Esse é um dos traços característicos de nosso idioma: qualquer vocábulo, de qualquer classe, pode vir a ser (dependendo da estrutura sintática em que está inserido) **substantivado**, isto é, pode vir a ocupar a posição nuclear de um sintagma nominal, transformando-se num **substantivo.**

Quando isso ocorre, o vocábulo passa a ter a mesma flexão que os substantivos têm. Vou dar alguns exemplos: (1) **numeral** substantivado: "Estão faltando dois **oitos** neste baralho"; "vamos fazer a prova dos **noves**"; (2) **verbo** substantivado: "Os **comes** e **bebes**", "os **pores**-do-sol"; (3) **interjeição** substantivada: "Ela não ouve os meus **ais**". E assim por diante. No seu caso específico, é muito comum ouvirmos, depois da apuração de votações, frases como "tivemos 23 **sins** e 32 **nãos**".

hambúrgueres

Uma jovem leitora não concorda com o plural ***hambúrguers**; você vai ver por que ela tem toda a razão.

*Querido Professor Moreno, tenho 16 anos e faço o segundo ano do ensino médio. Língua mesmo eu só aprendo nos livros e na internet. Ando com uma dúvida antiga: se o plural de **mulher** é **mulheres**, por que o plural de **hambúrguer** é **hambúrguers** e de **trailer** é **trailers**? Justifica-se por serem palavras estrangeiras? Aguardo sua resposta; grande abraço de uma admiradora.*

Marcela A. – Goiânia (GO)

Minha cara Marcela: a sua intuição está correta: o plural de **hambúrguer** é **hambúrgueres**, e o de **trêiler** é **trêileres** — da mesma forma que **revólver**, **revólveres**; **dólar**, **dólares**; **destróier**, **destróieres**; **líder**, **líderes** (todos provenientes do Inglês). As leis da morfologia de uma língua se aplicam a qualquer vocábulo que nela exista ou venha a existir; palavras estrangeiras que entram aqui vão dançar conforme a nossa música. Formas como ***revolvers** ou ***hamburguers** são plurais do Inglês, não do Português. Continue atenta, esperta e admiradora.

masculino de **formiga**

> Cada **formiga** tem seu **formigo**?
> Drummond diz que a **foca** tem o seu **foco**, e a **tamanduá** tem o seu **tamanduó**.
>
> Prezado Professor, gostaria de saber qual é o masculino de **formiga**, se é **formigão** ou **formigo**, ou se esta palavra possui gênero comum-de-dois.
>
> Juni C. – Uberaba (MG)

Meu caro Juni: **formiga** é como **girafa**, **onça**, **pantera** – só tem um gênero (feminino), embora possa designar animais de ambos os sexos; é o que a Gramática chama de **epicenos**. Se for preciso distinguir entre os sexos biológicos, usamos **macho** e **fêmea**. Olhe, quanto aos mamíferos, tenho certeza de que existem os dois sexos; no caso da **formiga**, não estou tão certo, porque, entre os insetos, as coisas nem sempre são tão bipolares assim. Tomemos a **abelha** como exemplo: o macho da espécie é raro e tem outra palavra para designá-lo, o **zangão**. Portanto, **abelha** só tem masculino do ponto de vista biológico, mas não do ponto de vista gramatical. Com a formiga ocorre o mesmo: não tem masculino (a palavra); quanto à Biologia, temos de consultar um especialista.

P.S.: Assaz interessante: o Português não formou o masculino de **formiga** porque esse não é um traço que interesse à nossa cultura. Ou melhor: não interessava; começa a haver sinais do contrário. Falando no filme *AntZ* – aqui traduzido para *FormiguinhaZ* –, um crítico de jornal diz que "o filme conta a história de uma formiga, na verdade um **formigo** operário neurótico, chamado Z-4195, que tenta se libertar da sociedade totalitária". Outro crítico, falando da personagem, diz que "ela, ou melhor, ele, visto que se trata de um senhor **formigo**, anseia por se libertar das suas obrigações como trabalhador". Mais adiante: "No bar da colônia AntZ ouve, da boca de um **velho formigo**, uma história incrível". Acho que você vai concordar que o masculino, nesses exemplos, apareceu com aquela naturalidade típica do que é necessário. Despeço-me com um precioso fragmento do Carlos Drummond, extraído da crônica *A Solidão do Girafo*:

"Quando já não se sabe ao certo quem é **varão**, quem é **varoa**, pelo menos se saiba distinguir o **pavão** da **pavoa** ou **pavona**, o **elefanto** da **elefanta**, o **sabiau** da **sabiá**, o **cisno** da **cisna**, o **tigro** da **tigra**, em vez de nos socorrermos do aditamento **macho** e **fêmea**. Se distinguimos **gato** e **gata**, por que não **foco** e **foca**, **tamanduó** e **tamanduá**, **tatu** e **tatua**?"

A língua agradece aos poetas; ninguém a entende como eles. A nós, só cabe admirá-los e morrer de inveja.

membra

Na nossa tradição, membro sempre foi exclusivamente masculino; com a virada do século, contudo, começa a aparecer a sua versão feminina (ô frasezinha que ficou ambígua!).

Caro Professor: na contracapa da obra **A Prova por Indícios no Processo Penal**, *da Editora Saraiva, está consignado que a sua autora é* **membra** *do Instituto Brasileiro de Ciências Criminais. Pergunto: o feminino de* **membro** *é mesmo* **membra**?

Luiz Carlos – São José dos Campos (SP)

Meu caro Luiz Carlos: se eu seguisse o meu primeiro impulso e baseasse minha resposta no que eu sempre encontrei na bibliografia tradicional, eu diria que essa foi uma escorregada que deu a Saraiva, geralmente tão rigorosa na sua editoração. Sempre dissemos que **membro**, **ídolo**, **vítima**, **carrasco**, **monstro**, etc. são vocábulos que, embora se apliquem a indivíduos de ambos (só dois?) sexos, **não** têm flexão de gênero e nem ao menos aceitam que essa flexão seja assinalada pela troca do artigo que os antecede (com fazemos, por exemplo, com **o/a estudante**, **o/a contratante**, os famosos substantivos **comuns-de-dois**). "Ele é **uma vítima** da sociedade", "Michelle Pfeifer é **meu ídolo**", "a mulher dele é **um monstro**", "ela é **um membro destacado** no Parlamento". Portanto, "ela é *uma membro" ou, pior "*uma membra", como você encontrou no livro, seria classificado por mim como um erro de fazer chorar bacalhau em porta de venda.

No entanto, o exemplo que você mandou fez com que eu desconfiasse de que algo estava mudando. Dei então uma percorrida na internet e encontrei mais de duzentos exemplos do emprego de **membra**. É verdade que nenhum deles vem de autor respeitado, mas isso me obriga a repensar o problema. Parece que o vocábulo está começando a ser flexionado normalmente por uma faixa razoável de falantes, assim como já começa a aparecer, aqui e ali, uma **monstra** eventual.

Um desses implacáveis "juízes do idioma" que andam por aí poderia dizer que é por pura ignorância; quem conhece um pouco de Linguística, contudo, não pode dizer um absurdo desses. Quando milhares de falantes começam a usar uma forma que nos parece desviante, basta procurar um pouquinho e vamos encontrar suas motivações, não para concordar com elas e segui-las, mas para entender o que realmente está acontecendo. Pensando sobre o assunto, confesso que a tendência a dar um feminino para **membro** facilita – e muito – a sua inserção sintática. Permite a confortável concordância no feminino de frases do tipo "**ela** é **a** mais **idosa membra** de nossa comunidade", "**Fulana** é **uma antiga membra** – e bem **ativa** – do Grupo de Apoio do Paciente". Eu não gosto disso nem um pouquinho, mas não posso culpar quem prefira escrever desse modo, pois entendo que para eles soa melhor assim do que "**ela** é **o mais idoso membro** de nossa comunidade" ou "**Fulana** é **um antigo membro** – e bem **ativo** – do Grupo de Apoio".

Já conhecemos o desfecho: pode demorar dez anos, pode demorar cinquenta anos, mas o vocábulo se encaminha para se tornar **biforme** (**membro, membra**). As pessoas com mais formação e mais leitura vão continuar estranhando esse feminino, mas ele vai ter de ser aceito como alternativa. A mim, particularmente, ele sempre soou e sempre soará muito mal; ele me lembra um pequeno cineclube de que participei, na universidade, que era formado de onze homens e uma só mulher – à qual nos referíamos, com um misto de ironia e admiração, como "**a membra**". O que era piada, hoje está deixando de ser.

memorando

Uma leitora relata que, em seu trabalho, chamam agora de **memoranda** o que antes chamavam de **memorandos**. O que está acontecendo?

*No meu trabalho, estamos usando o termo **memoranda** para as comunicações internas que antes eram chamadas de **memorandos**. Qual é a maneira certa?*

Ludmilla

Minha cara Ludmilla: por acaso você está trabalhando num mosteiro medieval? Fiquei curiosíssimo com essa volta ao Latim, muitos séculos depois do vocábulo ter assumido a sua forma portuguesa. Usamos um **memorando**, dois **memorandos**. Em Latim, teríamos um ***memorandum***, dois ***memoranda*** (o plural do neutro era em **-a**, assim como ***curriculum*** faz ***curricula***). O Inglês ainda conserva esses plurais latinos (onde temos **estrato**,

estratos, eles usam *stratum*, *strata*; onde temos **dado**, **dados**, eles usam *datum*, *data*; onde temos **bactéria**, **bactérias**, eles usam *bacterium*, *bacteria*; e assim por diante). Ora, como esse plural exótico perturba o quadro flexional do Inglês, seus dicionários já registram ***memorandum***, plural ***memoranda*** ou ***memorandums***.

A tendência é nosso sistema absorver esses vocábulos latinos e dar-lhes forma e funcionamento similares aos vocábulos de nosso léxico. Assim aconteceu com os que entraram primitivamente na Lusitânia, junto com os soldados romanos; assim deve acontecer com os que entrarem hoje, tardiamente, no Português. Há palavras em nítida transição, como **campus**, **campi**, que, a meu ver, está celeremente evoluindo para **câmpus** (singular ou plural, como **ônibus**, **bônus**, **tônus**, etc.). **Memorando(s)**, no entanto, já é forma velha, há muito tempo dicionarizada. Não vejo aqui nenhuma razão para voltar; ou essa orientação saiu de um manual em Inglês, ou alguém aí no escritório está tentando demonstrar uma cultura clássica que não tem.

o Recife?

De pontos opostos do país, duas leitoras perguntam a mesma coisa: afinal, o frevo vem **de** Recife ou **do** Recife?

A leitora Iara V., de Recife (PE), pergunta se está correta a tese de que "devemos nos referir à capital de Pernambuco antepondo o artigo definido O (o Recife), uma vez que o nome da cidade é também a designação de um acidente geográfico (à semelhança do que acontece com o Rio de Janeiro, por exemplo)".

*A leitora Karina, de Porto Alegre (RS), traz a mesma dúvida: "Por que a maioria do povo brasileiro, excluindo a região sul, fala **do Recife**?".*

Minhas prezadas leitoras: o princípio geral, no Português, é o de que **não se usa artigo antes de nome de cidade**: as ruas **de** São Paulo, as praças **de** Belo Horizonte, as ladeiras **de** Salvador. No entanto, às vezes o nome de um **acidente geográfico** pode interferir na construção sintática com o topônimo. Em alguns casos, isso já ficou cristalizado na Língua, enquanto em outros a decisão vai ser tomada por cada falante individual. Eu, por exemplo, sempre falo **do Rio** de Janeiro, **do Porto** (Portugal), como, penso eu, a totalidade dos brasileiros; contudo, prefiro usar **de Recife**, **de Rio Grande** (cidade em que nasci), embora perceba que muitos preferem **do Recife** e **do Rio Grande**. Esta decisão de usar ou não o artigo é apenas uma das **centenas** de situações em que o falante vai **optar** entre **duas formas corretas**; a soma de suas escolhas pessoais é o seu estilo pessoal de usar o Português. Quem quiser ficar dentro do princípio genérico, deixa **sem** artigo; quem preferir acompanhar os hábitos locais, correndo o risco de causar estranheza nos leitores não-locais, usa o artigo. Um excelente exemplo se encontra nas duas perguntas que foram feitas: a moradora de Recife prefere usar o artigo, enquanto a gaúcha acha tudo isso esquisito.

plural de **papai noel**

> Veja a diferença entre o Papai Noel verdadeiro e os papais-noéis que andam por aí.

Professor Moreno, Papai Noel tem plural?

Nara D. – Goiânia (GO)

Minha prezada Nara: olha, vamos simplificar: o plural é **papais-noéis**; o uso do hífen fica à escolha do freguês, já que não existe regra para casos como este.

Agora, distingo: temos um personagem mágico, que mora em algum lugar do Ártico, que cruza o céu com seu trenó e deveria trazer presentes para as crianças boazinhas: este é o **Papai Noel**, primeiro e único (ou isso só se diz para o Rei Momo?). No mundo mitológico, ele tem domicílio, tem ocupação, tem empregados (os gnomos), dirige um veículo de tração animal e não me espantaria se tivesse CPF. É, em suma, um cidadão, e as maiúsculas do seu nome são as mesmas do meu ou do nosso nome; **Noel** aqui funciona como um sobrenome de origem francesa.

Por outro lado, temos milhares de mortais que usam – por prazer, por masoquismo ou por necessidade de ganhar a vida – as roupas e as barbas tradicionais que atribuímos ao chamado "bom velhinho". São os **papais-noéis**. É mais ou menos como, *mutatis mutandis*, o **Diabo** (outro cidadão do mundo dos mitos) e os **diabos**, o **Saci** e os **sacis**, o **Bicho Papão** e os **bichos-papões**.

perca?

Ficar fazendo algo inútil é uma **perca** ou uma **perda** de tempo? Não perca esta explicação.

Caro Professor, dias atrás um colega de trabalho me corrigiu por eu ter falado "Isto é uma perda de tempo!", dizendo ele que o correto é "Isto é uma perca de tempo!". Afinal, o que está correto?

Márcia – Curitiba (PR)

Minha cara Márcia: ser corrigido quando a gente fala já é ruim, mas ser corrigido por um boi-corneta, que não sabe o que diz, ainda é bem pior! Claro que é **perda** de tempo! Esses substantivos deverbais (nascidos a partir de um verbo) são formados pelo acréscimo de um elemento terminal (as vogais **A**, **E** ou **O**) ao **radical** do verbo: **comprar, compra; vender, venda; trocar, troca; resgatar, resgate; estudar, estudo**. E, como não poderia deixar de ser, **perder, perda**. A forma **perca** existe, sim, mas é o presente do subjuntivo de **perder**: "Ele não quer que eu **perca** o prazo". Mostre esta frase ao seu colega para que ele aprenda: "O chefe não quer que eu **perca** horas preciosas arrumando os arquivos; ele disse que isso é pura **perda** de tempo".

afegão, afegãos

Um leitor manda bombásticas saudações e pergunta qual o plural de **afegão**.

Caro Professor: após acompanhar atentamente

*os últimos acontecimentos, e profundamente sensibilizado com o povo afegão, gostaria de saber qual é o plural correto de **afegão**. E o plural de **talibã**? Obrigado, e lembranças bombásticas.*

Pedro F. – Rio de Janeiro

Meu caro Pedro: o plural dos nomes terminados em **-ão** não é coisa muito simples, como você bem sabe. Hoje temos uma só forma no singular (le**ÃO**, irm**ÃO**, alem**ÃO**) e três formas no plural (le**ÕES**, irm**ÃOS**, alem**ÃES**). Sua pergunta (e a de muitos outros leitores) pode ser traduzida do seguinte modo: qual dessas três terminações (**-ões**, **-ãos** ou **-ães**) vai ser usada no plural de **afegão**?

Como é que se escolhe entre elas? Quando as gramáticas registram a tripla possibilidade para o plural de **vilão** (**vilões**, **vilães** e **vilãos**) ou para **aldeão** (**aldeões**, **aldeães** e **aldeãos**), estão apenas refletindo o estado de hesitação de nossa língua, que teve paralisado, pela difusão do texto escrito, um movimento em direção a uma forma única de plural (**-ões**, sem dúvida alguma). Essa seria a situação ideal: ou teríamos três singulares, correspondendo aos três plurais diferentes, ou apenas um singular e apenas um plural. No entanto, ficamos assim suspensos no meio da evolução, com um único singular e três plurais diferentes, e temos de conviver com isso. Todos os aumentativos e todos os novos vocábulos em **-ão** que ingressam no Português fazem o plural em **-ões**, o que o credencia, estatisticamente, como o plural canônico para os vocábulos com essa terminação. Os outros (poucos) que escolhem **-ãos** e **-ães** são memorizados pelos falantes (**mão, mãos; irmão, irmãos; pão, pães**), isso quando não terminam também aderindo ao genérico **-ões**: é o caso de **corrimão**, cujo plural original é **corrimãos** (já que vem de **mão**), mas que aparece também, em todos os dicionários, com a possibilidade de um **corrimões**.

Nesses casos, o que nos ajuda mesmo, meu caro Pedro, é olhar por cima do muro e ver o que nosso vizinho de sempre, o Espanhol, anda fazendo, pois lá existem **três singulares** para **três plurais**: *hermano*, *hermanos*; *leon*, *leones*; *alemán*, *alemanes*! A boa notícia é que podemos aproveitar isso para nossa língua (há estudos sérios sobre o assunto, mas vou simplificar): **-ano, -anos** do Espanhol correspondem aos nossos **-ão, -ãos** (*hermano*, *hermanos*: irm**ão**, irm**ãos**); **-on, -ones**, aos nossos **-ão, -ões** (*leon*, *leones*: leão, leões); e **-án, -anes**, aos nossos **-ão, -ães** (*alemán*, *alemanes*: alem**ão**, alem**ães**). Pode haver um ou outro vocábulo desviante, mas em geral o sistema funciona direitinho.

Vamos ao plural de **afegão**: a maioria dos falantes do Português prefere **afegãos**; uma pequena minoria opta pela variante **afegães**, que não pode ser condenada, mas que vai certamente desaparecer com o passar do tempo. Se visitarmos o Espanhol, encontramos *afgano*, *afganos*, uma agradável confirmação de que a intuição majoritária de nossos falantes coincide com a estrutura que descrevemos no parágrafo acima. Quanto aos **talibãs**, escrevi sobre isso um artigo específico, que está no volume 1 deste mesmo livro.

plural de **Molotov**

De Berlim, chega uma consulta sobre material bélico: qual o plural de **Molotov** e de **Kalashnikov**?

Prezado Professor: trabalho em legendagem de filmes e surgiu uma dúvida em relação ao plural de Molotov e Kalashnikov. O senhor poderia esclarecer-me? Atenciosamente.

Germinal R. F. – Berlim (Alemanha)

Geralmente deixamos o nome próprio invariável quando ele é o **aposto** de um substantivo (é o famoso **aposto restritivo**, sem vírgulas, que a maioria dos manuais desconhece): "os carros **Ford**", "as câmeras **Leica**". Da mesma forma, "Os rebeldes lançaram várias bombas **Molotov**"; "Foram feitos vários disparos com aquele som característico dos fuzis **Kalashnikov**" (para quem não sabe, o popular **AK-47**); "As pistolas **Colt** são insuperáveis quanto à confiabilidade". Quando, no entanto, o nome próprio é usado como núcleo do sintagma, ele vai ser pluralizado normalmente: "O general Patton usava dois **Colts** niquelados"; "Várias **Molotovs** foram arremessadas do telhado", "As autoridades aduaneiras apreenderam uma partida de **Kalashnikovs** novinhos em folha". Espero que isso possa ajudar.

plural de **real**

Qual é o plural de nossa moeda? É vinte **reais**, vinte **réis** ou vamos de vinte **real** mesmo?

*Caro Professor: estive estudando gramática no livro do professor Hildebrando, e ele diz que o plural de **real** (moeda) é **réis**. Achei muito estranho. Será que todos escrevemos errado quando escrevemos **dois reais** num cheque de R$ 2 ou deveríamos escrever **dois réis**? Obrigado.*

Walter L. – Biguaçu (SC)

Meu caro Walter, não li tudo o que o professor Hildebrando André escreveu, mas tenho certeza de que ele não deve ter dito exatamente isso. Embora eu discorde de muitas de suas posições teóricas, ele é um gramático escolar sensato e estudioso. Quando a nossa atual moeda foi instituída, em 1994, houve uma breve discussão sobre qual seria o seu plural; os mais afobadinhos encontraram "**real** – plural **réis**" nos dicionários e vieram, triunfantes, corrigir os que começavam a dizer **reais**. Em pouco tempo, contudo, esclarecia-se o equívoco: **réis** era o plural de um **real** virtual ("moeda ideal", diz o dicionário do Morais), valor apenas de referência; o verdadeiro **real**, antiga moeda portuguesa, fazia mesmo o plural **reais** (como, aliás, qualquer substantivo terminado em **-al**).

O velho Morais (minha edição é de 1813) é bem rico em detalhes: explica-nos que havia os "**reais brancos** del-Rei D. Duarte; eram de cobre com estanho, vinte deles faziam uma libra e valiam 36 réis"; "os **reais pretos**, de cobre sem liga"; e "os **reais de prata**". Diga-se de passagem que o verbete "**real**" é bem extenso, mostrando o esforço do dicionarista em explicar, com os conceitos econômicos da época, os valores relativos entre as diferentes moedas cunhadas pelos sucessivos reis de Portugal.

Portanto, caro Walter, continue tranquilamente a usar **reais** para o plural de nossa moeda – como vimos fazendo desde 1994. **Réis** é outra coisa muito diferente. Curioso é observar dois usos populares: (1) **Mil-réis** passou a designar qualquer unidade do inconstante dinheirinho brasileiro; eu já usei **mil-réis** (o nosso simpático **merréis**, avô da **merreca**) para falar do **cruzeiro**, do **cruzado**, do **cruzado-novo**, do **cruzeiro-novo** e agora do **real**. Se um dia – que os deuses não permitam! – surgir o **real-novo**, com certeza lá estarei dizendo "Custa dois **mil-réis**". (2) Tem gente que simplesmente não usa o plural da moeda e prefere dizer, sem enrubescer, "**vinte real**", assim como os camelôs falam de "**dez dólar**". Aí já é demais!

pluralia tantum

> *Caro Professor, gostaria de saber se existe a grafia no singular das palavras **parabéns**, **condolências, núpcias, pêsames**, etc. – ou estas palavras são grafadas somente no plural?*
>
> Marli Z. – Criciúma (SC)

Minha cara Marli: existem, em nosso idioma, muitos vocábulos que são usados exclusivamente no plural, conhecidos como *pluralia tantum* – expressão tradicional da gramática latina que significa "apenas plurais". Não são tão poucos quanto se pensa; entre os mais conhecidos, lembro **afazeres, anais, arredores, bodas, condolências, confins, esponsais, fezes, exéquias, núpcias, parabéns, pêsames, primícias, trevas, víveres**. Como o **S** que marca o plural é sempre acrescentado a uma forma anterior, não-marcada, não há dúvida de que todos eles têm (ou tiveram) uma forma singular, que, por razões semânticas, simplesmente deixou de ser empregada. Em textos mais antigos vamos encontrar, aqui e ali, alguma ocorrência de **pêsame, fez, boda**, etc., uso logo abandonado. Vieira, em seus *Sermões* (séc. XVII), usa **parabém** por toda parte, inclusive fazendo um jogo de palavras tão ao gosto do nosso gênio da língua: "Alcançaram o que pediram, aceitaram muito contentes o **parabém** do despacho, mas o despacho não era **para bem**". Certamente vamos encontrar outros exemplos em escritores da mesma época, mas isso não deve obscurecer o fato, hoje incontestável, de que esses vocábulos devem ficar mesmo é no plural. Para fins práticos, devem ser considerados como aquelas cadeias de montanhas, que também sugerem a existência de um singular primitivo, hoje desconhecido: os **Alpes**, os **Andes** e os **Pirineus**.

poeta ou poetisa

> Cecília Meireles e Adélia Prado são duas **poetisas** brasileiras, ou posso dizer que são duas **poetas**?

> *Caro Professor: sempre ouvi falar em **poetisa**, mas acredito que o certo seria a **poeta**. Estou certo?*
>
> Gilson S.

Caro Gilson: o feminino de **poeta** sempre tinha sido **poetisa**; contudo, essa forma adquiriu uma conotação pejorativa, por lembrar aquele tipo de senhora que se veste espalhafatosamente e participa das reuniões dessas dezenas de "academias femininas de letras" que brotaram como flores silvestres por todo o território nacional na primeira metade do século XX. Na sua santa ingenuidade, ao criarem essas instituições **femininas** paralelas, estavam simplesmente reforçando a crença chauvinista de que as "verdadeiras" academias eram privilégio dos homens.

Por causa disso, alguns críticos e intelectuais, ao falar de alguém do quilate de uma Cecília Meirelles, por exemplo, começaram a dizer: "É uma grande **poeta**!". A moda pegou no meio literário e acadêmico: o vocábulo passou a ser usado por muitos como se fosse um **comum-de-dois** (aqueles substantivos como **atleta**, **artista**, **estudante**, **jovem**, etc., que têm uma só forma para os dois gêneros, mas se distinguem pelo artigo). Hoje, portanto, podemos escolher entre as duas formas de feminino: ou usamos **poetisa**, ou simplesmente **poeta**.

coletivo de **leão** e de **rato**

> *Professor Moreno: Olá! Tenho curiosidade em saber o coletivo de **leões** (o animal, rei da*

*floresta). Pesquisei algumas gramáticas e não encontrei o coletivo específico para eles. Vi que **matilha** pode ser usado para animais ferozes e **cambada** para gatos (leão = felino), mas não sei se são os indicados para leões.*

Tânia G. – Crato (CE)

Minha cara Tânia: os coletivos específicos são tão poucos que há muito se deixou de levar tão a sério o estudo desta espécie de substantivo. As cabras têm um coletivo determinado (**fato**), e assim também os camelos (**cáfila**); os porcos não deixam por menos (**vara**), e os peixes vivem em **cardumes**. E a tartaruga? A cotia? O jacaré? O tatu? A lesma? O tamanduá? O bicho-preguiça? O canguru? Esses não têm coletivos específicos, principalmente por não terem o costume de aparecer em grandes grupos. Se fizermos questão de empregar um coletivo para estes animais, devemos usar os chamados **coletivos genéricos** (que, na verdade, terminam sendo usados para tudo, até mesmo para o porco, o camelo e a cabra, que tinham os seus coletivos específicos): **bando**, **grupo**, **manada**, **rebanho**, etc. É o caso dos leões; basta escolher um desses genéricos que não esteja diretamente relacionado com alguma espécie (**cardume** de leão não dá, nem **vara**; **cáfila** muito menos, é óbvio).

Há poucos dias, minha cara Tânia, outra leitora escreveu perguntando o coletivo de **rato**: "Seria **ninhada** (por causa da criação), ou **bando**, ou nenhum deles?". **Ninhada** serve tanto para os ratinhos quanto para os filhotes de qualquer ave ou mamífero (de pinto, de cachorro, de gato, de leitão, etc.) nascidos de uma só vez; com certeza nossa leitora teve a atenção atraída pela expressão **ninho de rato**, usada para cabelo emaranhado, cama com as cobertas desfeitas ou gaveta desorganizada. O equívoco é normal; nossa memória vocabular vive nos pregando peças desse tipo.

Nesse caso – da mesma forma que com os leões –, voltamos aos coletivos genéricos. Como **grupo** e **manada** (é ruim!) de ratos não dá, usamos **bando** ou coisa semelhante. Esses coletivos estão ficando tão polivalentes que encontrei uma definição de **cambada** que poderia figurar naquela famosa enciclopédia chinesa citada por J.L. Borges: "**cambada** – coletivo de caranguejos, chaves reunidas, gente ordinária, malfeitores, objetos enfiados em cordão, peixes, vadios e vagabundos".

Não podemos esquecer que o Português usa, para expressar a ideia coletiva, **sufixos** extremamente produtivos, o que, aliás, explica por que temos tão poucos coletivos específicos: **-ada**, **-eiro**, **-ria**, **-edo**: **boiada**, **formigueiro**, **cavalaria**, **pulguedo**, etc. Para **rato**, o *Houaiss* e o *Aurélio* registram **ratada** e **rataria**. Para **leão**, certamente o Português poderá produzir algo como **leãozada**, se for necessário – o que nunca é impossível: no momento em que se começou a chamar de **perua** aquele tipo de mulher espalhafatosa e cheia de joias, ao lado de **bando de peruas**, passei a ouvir também formações derivadas como "Naquele bar tem uma **peruada** (ou **peruagem**, ou **peruama**) infernal". Insondáveis são os caminhos de um idioma.

obrigado

O emprego de **obrigado**, a nossa mais tradicional fórmula de agradecimento, é o campeão entre as perguntas formuladas pelos leitores. Uns querem saber se o vocábulo tem masculino e feminino, ou se é uma forma cristalizada, invariável; outros não sabem se ele concorda em gênero com a pessoa que está falando, ou com a pessoa a quem está sendo dirigido o agradecimento; outros, ainda, perguntam qual a fórmula para responder a quem nos disse "**obrigado**". Este artigo esclarece todos esses pontos, e outros mais.

Do ponto de vista de quem agradece

A palavra **obrigado** é, na verdade, a parte que aparece de uma frase bem maior, que geralmente fica subentendida quando agradecemos a quem nos atendeu ou nos fez um favor. Quando eu agradeço dizendo **obrigado** a alguém, estou dizendo, na verdade, que eu me sinto **obrigado** para com ele, isto é, que passei a ter uma **obrigação** de gratidão para com o outro. Como vemos, o simples obrigado implica um "**fico-lhe muito obrigado**", "**tenho uma obrigação para com você**". Os ingleses fazem algo parecido, quando dizem "I am **obliged** to you for...". Nosso povo, muito acertadamente, às vezes diz a mesma coisa com o expressivo "Te devo uma".

Obrigado funciona, pois, como um **adjetivo**, flexionando em gênero e número: **obrigado, obrigada, obrigados, obrigadas**. Assim sendo, um homem fica **obrigado**, uma mulher fica **obrigada**. Isso fica bem claro quando usamos outras fórmulas de agradecimento que também deixam subentendida parte da frase. Homem falando: [fico-lhe] **grato**, [fico-lhe] **agradecido**; mulher falando: [fico-lhe] **grata**, [fico-lhe] **agradecida**. Quanto a concordar com quem fala ou com quem se fala, o folclórico Napoleão Mendes de Almeida, no seu *Dicionário de Questões Vernáculas*, diz de maneira irretocável: "Não importa que o agradecimento seja formulado a homem ou a mulher; o que importa é quem expressa a gratidão, se mulher ou homem". E está falado.

Há claros sinais, entretanto, de que o sistema que acabo de descrever está sendo abandonado pela língua falada. A grande quantidade de perguntas dos leitores sobre o emprego de **obrigado** revela uma fortíssima tendência de ir, aos poucos, imobilizando a expressão, tornando-a invariável, fixada na forma neutra **obrigado** (masculino, singular). O uso do feminino vai ficando raro, e muito mais rara ficou a ocorrência das formas **obrigados**, **obrigadas**, que deveriam, teoricamente, ser utilizadas no agradecimento feito em nome de várias pessoas. Uma boa solução é **substantivar** a expressão, que vai ficar sempre na forma **neutra** (masculino, singular), típica de todas as subtantivações (**o nove**, **o amanhecer**, **o talvez**, **o ai**, **o não**). "Quero apresentar-lhe **meu muito obrigado**" serve para homem ou mulher; "queremos apresentar-lhe **nosso muito obrigado**" serve para homens ou mulheres.

Do ponto de vista de quem responde ao agradecimento

Quando respondo, posso dizer: "**por nada**", "**de nada**", "**não há de quê**" – que são, na verdade, respostas à frase completa, pois estou afirmando que o outro não me deve nada pelo que fiz, ou seja, ele não tem por que se sentir obrigado a mim.

Outros preferem acrescentar que eles próprios é que têm de agradecer – como os garçons britânicos, que dizem *thank you* quando **eles** nos trazem o cardápio, o talher extra ou o sal que **nós** acabamos de pedir. Parece um pouco sem lógica, mas esse costume, que certamente torna o convívio social mais agradável, já chegou em nosso país tropical. Nesse caso, diremos "**obrigado a você**" (subentenda-se: "eu é que fico obrigado **a** você"), ou ainda "**obrigado, eu**" (subentenda-se: "obrigado fico eu"). Acho que não preciso lembrar que **obrigado** sempre vai concordar com o sexo de quem está falando; portanto, uma mulher diria "**obrigada a você**" ou "**obrigada, eu**".

generala: o feminino de postos e cargos

> *Saiu na* **Folha de São Paulo** *a manchete "EUA admitem que* **uma general** *sofreu assédio". Não seria melhor dizer logo* **generala**?
>
> Luís Paulo – Presidente Prudente (MG)

Há uma forte resistência em usar a flexão feminina nos cargos e nos postos que, durante séculos, foram ocupados exclusivamente por homens. Quem acompanhou a ascensão da mulher no mundo político, nos últimos trinta anos, viu a lentidão com que a mídia foi adotando formas femininas que hoje já não causam estranheza: **primeira-ministra**, **senadora**, **deputada**, **prefeita**, **vereadora**, etc. Os que defendiam o estranho uso "a **primeiro-ministro** Indira Gandhi" argumentavam que se tratava do cargo, e o cargo era de "primeiro-ministro" – argumento de jerico, pois, se o levássemos a sério, teríamos "a **diretor** Fulana", "a **vereador** Beltrana". Pode ser que a causa fosse, em parte, um preconceito sexista; meu palpite, contudo, é que o principal responsável sempre foi a **leitura errada dos dicionários**. Brasileiro não sabe ler dicionário; é capaz de ir ao ***Aurélio*** e, ao ver ali registrado "**menino** – s. m.", concluir que não existe a forma **menina**! É de amargar!

Coisa semelhante vem ocorrendo com os postos militares. O ingresso de mulheres nas Forças Armadas e nas Polícias Militares é fato recente; ao que parece, esses organismos preferiram manter inflexionados os tradicionais **soldado**, **sargento**, **capitão**, **coronel**, **general** – daí a forma utilizada pela ***Folha de São Paulo***. É apenas uma questão de tempo, Luís Paulo, e estaremos usando **soldada**, **sargenta**, **capitã**, **coronela**, **generala**. Na verdade, essas formas já vêm sendo usadas há muito no Português, como se pode ver nos bons dicionários do passado: no Morais (1813) aparece **capitoa** como uma mulher que lidera outras ("Por capitoa, Isabel Madeira"). "**Capitoa** Úrsula os vai guiando", registra Domingos Vieira. Caldas Aulete (na 1ª edição, a confiável), diz: "**capitoa** – mulher que dirige outras em alguma ação heróica. Fem. de **capitão**". Essa forma em **-oa** deu lugar a **capitã** (mais ou menos como o **alemoa** cedeu o passo

129

a **alemã**), termo que sempre utilizamos para designar a atleta que comanda uma equipe. **Generala** e **coronela** serviam para designar a mulher do general ou do coronel; não esqueça, entretanto, que esses também podiam ser títulos meramente honoríficos e, como tais, sempre foram usados no feminino. "A princesa é a **coronela** honorária do regimento" (Aulete). Há um clássico da literatura erótica intitulado *As Primas da Coronela*.

Como se tudo isso não bastasse, existe, há décadas, a figura ingênua e dedicada do Exército da Salvação, com seus músicos tocando (ainda tocam? nunca mais vi) pelas esquinas deste mundo – todo ele organizado com uma hierarquia pseudomilitar, com suas **soldadas**, **sargentas**, **capitãs**, **coronelas** e **generalas**. Em suma: as formas existem; se as Forças Armadas querem adotá-las, é outra história. A *Folha* é que me parece atrasada.

o ou **a personagem**?

Aqui vai um estudo definitivo para terminar com a discussão sobre o gênero da palavra **personagem**.

*Prezado Doutor: eu estava lendo uma resenha literária e estranhei quando o autor falou sobre o personagem Capitu. Eu sempre aprendi que era **a personagem**, mas meu amigo me fez ver que também soa meio esquisito dizer a personagem Bentinho. Afinal, como é que ficamos?*

Sérgio G. – Taquara (RS)

Meu caro Sérgio: para que você e os demais leitores possam entender a minha posição quanto ao gênero do vocábulo **personagem**, devo começar relembrando alguns pontos de nossa velha gramática descritiva. Os substantivos do Português que se referem a seres humanos apresentam, na sua maior parte, uma forma para cada gênero: **professor, professora**; **mestre, mestra**; **padeiro, padeira**; etc. Há, no entanto, um pequeno grupo que tem uma única forma, que vamos usar tanto para homens quanto para mulheres. É muito importante lembrar que esse grupo de substantivos uniformes divide-se, por sua vez, em três subgrupos:

1 – **comum-de-dois** – é aquele substantivo que, apesar de invariável, permite que nós distingamos o feminino e o masculino com base no artigo, numeral ou pronome que o antecede: o/a **agente**, este/esta **colega**, aquele/aquela **intérprete**, meu/minha **cliente**.

2 – **sobrecomum** – é o substantivo que tem um gênero gramatical determinado (ele é **ou** masculino, **ou** feminino), mas que serve para designar pessoas de ambos os sexos. Um bom exemplo é **cônjuge**; este é um vocábulo exclusivamente masculino (o cônjuge, **meu** cônjuge); se eu precisar distinguir entre o homem e a mulher, no entanto, vou ter de lançar mão de recursos linguísticos adicionais: o cônjuge **feminino**, o cônjuge **varão**, etc. Esse tipo de substantivo pode (e deve), por sua vez, ser dividido em dois subgrupos:

2.1 – **sobrecomum masculino** – serve para ambos os sexos, mas só tem a forma **masculina**, com a qual vão concordar todos os seus determinativos: **o indivíduo, os dois cônjuges, o algoz**.

2.2 – **sobrecomum feminino** – serve para ambos os sexos, mas só tem a forma **feminina: a testemunha, a vítima, a criança**.

O problema com **personagem** pode ser traduzido numa simples pergunta: **em qual dos três grupos acima ele deve ser enquadrado**? Da resposta que escolhermos, caro leitor, dependerá o tratamento que vamos dar a esse vocábulo:

2.1 – sobrecomum masculino – se nossa opção foi por esse grupo, vamos usar sempre **o personagem**, não importando se é homem ou mulher. "Capitu é talvez o melhor personagem de Machado de Assis", "Ceci e Isabel são os dois personagens femininos mais importantes de ***O Guarani***", etc. Este é o gênero do vocábulo em Francês (***personnage***), de onde proveio a nossa palavra **personagem**; talvez por isso mesmo essa opção pelo masculino seja muito atacada pelos puristas, que veem aqui o espectro do galicismo (ainda haverá quem fale nisso?).

2.2 – sobrecomum feminino – quem prefere esta, usa sempre o feminino: "A personagem Bentinho", "D. Quixote e Sancho Pança são as duas personagens imorredouras de Cervantes". Muitos autores defendem esta forma, baseados num princípio bastante sólido: quase todos os vocábulos em **-agem** são femininos em nosso idioma. Um exemplo famoso é a obra ***A Personagem de Ficção***, organizada por Antônio Cândido, nossa grande autoridade em literatura.

1 – comum-de-dois – esta é a posição defendida por Celso Luft e Houaiss; esta também é a posição que prefiro. Da mesma maneira que usamos **o** e **a selvagem**, vamos usar **a personagem** para os indivíduos femininos ("a personagem Capitu"; "as personagens Cecília e Isabel") e **o personagem** para o sentido abstrato (agenérico) ou para o exclusivamente masculino: "o personagem de teatro é mais denso que o personagem do cinema"; "o personagem Bentinho"; "Bentinho e Capitu são os dois melhores personagens de Machado"; e assim por diante.

Todos nós sabemos que não adianta tentar forçar uma dessas escolhas; o máximo que podemos fazer é usá-la e, assim fazendo, contribuir para sua difusão, talvez até influenciar as outras pessoas para que também a usem. E não adianta ficar torcendo para que a nossa seja considerada a vencedora, porque jamais veremos isso acontecer – as três vão permanecer vivas por muito tempo, sobrevivendo a qualquer um de nós que esteja lendo estas linhas. Cada uma delas tem as suas razões, o que faz de **personagem** um belo exemplo de tolerância linguística: usem a forma que preferirem, mas me deem o direito de defender a minha escolha.

plural dos compostos

Para entender o plural de **vale-transporte**, precisamos ingressar no perigoso território dos vocábulos compostos.

*Ilustre professor, venho indagar-lhe sobre o plural de certas palavras compostas, cujo primeiro termo são verbos, como **bate-bola**, **come-quieto**, **vale-transporte**, esta última especialmente.*

Mário V. – Rio de Janeiro (RJ)

Meu caro Mário: infelizmente, as coisas não são tão simples assim. Aliás, quando se trata de compostos, **nunca** são simples. Os compostos do Português são **sintáticos**, isto é, mantêm entre seus componentes as mesmas relações que os sintagmas da frase mantêm entre si. Uma das formas mais comuns de composição é [verbo transitivo + objeto direto] : **porta-bandeira**, **guarda-roupa**, **saca-rolha** (**porta**, **guarda** e **saca** são os verbos; **bandeira**, **roupa** e **rolha** são os objetos diretos). A leitura que deles se faz é a de "alguém ou alguma coisa que porta a bandeira, que guarda a roupa, que saca a rolha". Este tipo de composto só flexiona no segundo elemento: **porta-bandeiras**, **guarda-roupas**, **saca-rolhas**.

Acontece que em **vale-transporte** não há verbo: **vale** aqui é um substantivo, que também pode ser usado independentemente ("Preciso de um **vale**", "Já tirei dois **vales** este mês"). Pertence a outra estrutura de composição, já menos frequente, [substantivo + substantivo], presente também em **hora-aula**, **salário-família**, **operário-padrão**. A leitura desses compostos seria, a rigor, "hora **de aula**", "salário **para a família**", "operário **que serve como padrão**", "vale **para o transporte**". O plural, portanto, sintaticamente condicionado, é **horas-aula** (*horas* de aula), **salários-família** (*salários* para a família), **vales-transporte** (*vales* para o transporte). Assim se escreve na norma culta – **hoje**. No entanto, como a língua é **História**, a percepção que os falantes têm dos vocábulos muda com o passar do tempo: à medida que o vocábulo composto vai deixando de ser percebido como estrutura sintática e começa a ser considerado **um**

vocábulo uno, sente-se uma fortíssima pressão estrutural da língua no sentido de colocar também uma marca de plural no **final** do composto. Daí o uso cada vez mais generalizado de **horas-aulas**, **salários-famílias**, **vales-transportes**, variantes que eu jamais usaria, mas que despontam como a interpretação mais moderna desse tipo de composto.

No mesmo caso estão **vale-brinde**, **vale-refeição**, **vale-pedágio**. Bem diferente (o que ajuda a entender o que estou dizendo) é **vale-tudo;** aqui sim temos o verbo **valer** ("luta onde **vale tudo**"). A formação é análoga à de **porta-bandeira**; deveria flexionar apenas o segundo elemento. Neste caso específico, todavia, como **tudo** é uma palavra invariável, o composto fica sem flexão: os **vale-tudo**. Consegui ser claro?

Vocábulos compostos: interpretação

*Professor Moreno: li sua explicação sobre o plural dos compostos. Concordo que, em **vale-compras**, a palavra **vale** seja substantivo. Mas acho que ela também pode ser interpretada como verbo (isso vale uma compra). Desse modo, as duas formas (**vales-compra** e **vale-compras**) não deveriam estar corretas?*

Ademar J. Q. – Goiânia (GO)

Meu caro Ademar, a sua pergunta bate exatamente no prego: é tão fluida a natureza de nossos vocábulos **compostos** que são poucas as afirmações definitivas que podemos fazer sobre eles – ao contrário dos vocábulos **simples**, muito mais fáceis de sistematizar, cujo comportamento segue princípios que o falante termina "adivinhando". Nos **substantivos** do Português, por exemplo, é bem definida a oposição entre o **plural**, marcado pelo **S**, e o singular, reconhecido exatamente pela ausência dele. Não nos incomodamos com os raríssimos substantivos que têm o **S** mesmo no singular (como **pires** ou **lápis**), embora falantes mais simples, sem instrução, muitas vezes interpretem essas formas como pertencentes ao plural e criem aqueles ingênuos singulares que nos fazem sorrir: "*quebrei um **pir**", "*perdi meu **lápi**" (análogo a **faquir**, **faquires** e **táxi**, **táxis**). Convém perceber que esses erros não se devem ao **desconhecimento** da regra do plural, mas sim à **interpretação** errônea dos fatos linguísticos.

A importância dessa interpretação, por parte do falante, é decuplicada no caso dos compostos. Como eu fiz questão de frisar no artigo que você menciona, os compostos não são carne, nem peixe: eles ficam num limbo intermediário entre um vocábulo simples e unitário, de um lado (como **cadeira**, **palha**), e um elemento da estrutura sintática, formado por vários vocábulos, do outro (como "**cadeira de palha**"). Graficamente, um composto atua como um vocábulo uno, pois fica isolado entre dois espaços em branco; ora, por que não acrescentamos, simplesmente, um **S** no final de **guarda-noturno**, **pé-de-moleque**, **hora-aula**, formando ***guarda-noturnos**, ***pé-de-moleques** e ***hora-aulas**? Exatamente porque sentimos a presença da estrutura sintática que lhe deu origem. Fazemos **guardas-noturnos** porque temos aí uma banal sequência de um substantivo acompanhado de seu adjetivo modificador; fazemos **pés-de-moleque** porque estamos flexionando o **núcleo** de um antigo sintagma nominal (como **cartas de baralho, flores de papel**, etc.); fazemos **horas-aula** pela mesma razão, já que a presença do substantivo à direita, agindo como especificador (**aula**), é explicada pela estrutura subjacente "horas de aula".

Quando vamos operar com um vocábulo composto, essa "desmontagem" mental pode variar de um falante para o outro, criando-se assim diferentes consequências flexionais. Se eu decompuser **vale-refeição** como [**vale** uma refeição], terei enxergado aqui uma estrutura [**verbo** + **substantivo**] (análoga a **tira-gosto, quebra-pedra, porta-estandarte**), que só poderá ser flexionada no substantivo: **vale-refeições**. Se, no entanto, eu interpretá-lo como [**vale** destinado à refeição], terá a estrutura [**substantivo** + **especificador**] (análogo a **operário-padrão, hora-aula**), que só deve ser flexionada no primeiro elemento: **vales-refeição**.

Sempre que encontrarmos dúvida ou hesitação na flexão de um composto, podemos ter certeza de que isso foi motivado pela possibilidade, naquele determinado caso, de uma dupla interpretação sintática de seus elementos constituintes.

P.S.: No caso particular de **vale-compra, vale-refeição**, etc., repito que opto sempre pela interpretação [substantivo + especificador], com o consequente plural **vales-compra, vales-refeição**. A meu ver, este **vale** que aqui é uma substantivação formada a partir do verbo **valer**: o papel onde se escrevia (e ainda se escreve) "vale um refrigerante", "vale cem reais", "vale uma entrada para o domingo", etc. passou a ter esse nome, assim como aconteceu com o **habite-se** ou o **atenda-se**.

Além disso, quando um composto é formado de [verbo + substantivo], sempre pressupomos um **sujeito** que complete essa estrutura: **porta-estandarte** é, no fundo, "**alguém** que porta o estandarte"; **bate-estaca** é "um aparelho que bate a estaca". Isso impede que façamos uma referência abreviada ao composto, usando apenas o seu primeiro elemento ("*lá vem o **porta**", "*ouça o **bate**"), o que pode, no entanto, ocorrer em compostos cujo núcleo é um **substantivo**: o guarda-civil, o **guarda**; o mestre-escola, o **mestre**; o vale-transporte, o **vale**; e assim por diante.

os sem-terra

Na redação de um jornal, a turma diverge sobre o plural de **sem-terra**.

*Prezado Professor: o plural de **sem-termo** (s.m.) é **sem-termos**, de **sem-razão** (s.f.) é **sem-razões**, de **sem-vergonheza** (s.f.) é sem-vergonhezas. No entanto, o senhor respondeu a um leitor aconselhando-o a usar **os sem-terra**, do mesmo modo que **os sem-vergonha**, os **fora-da-lei**. E aí, como fica? Aqui no jornal é uma discussão só. Pode nos esclarecer melhor?*

Carlos – Vitória (ES)

Meu prezado Carlos (e colegas de redação): **sem-terra** fica mesmo invariável; o plural é "os **sem-terra**". Vocês não podem fazer uma analogia com **sem-razão** ou **sem-vergonheza**, porque estes dois funcionam como **substantivos**. Já **sem-terra** tem a posição e a função de um verdadeiro **adjetivo**, pois sempre tem um referente externo a ele (expresso ou elíptico); em outras palavras, este composto sempre estará numa posição sintática que pode ser descrita como [**alguém sem terra**]: [o camponês **sem-terra**], [os camponeses **sem-terra**]. Algo idêntico acontece com o homem **fora-da-lei**, os homens **fora-da-lei**; o **fora-da-lei**, os **fora-da-lei**. Aliás, tem um filme por aí, nas locadoras, que tem o vistoso título de *Os **foras**-da-lei* (eta, ferro! Conseguiram pôr o plural na preposição!). Você também pode comparar com **sem-sal**: [mulher **sem-sal**], [mulheres **sem-sal**]. Acho que o pessoal aí do seu jornal não ia aceitar um "**mulheres sem-sais**" – ou ia? Abraço. Prof. Moreno

P.S.: O mesmo vale para os **sem-teto**, os **sem-dinheiro**, os **sem-família**, os **sem-pão**, os **sem-vergonha**, etc.

plural dos compostos: Estados-Nação

Estado-Nação, **hora-aula**, **folha-padrão**, **palavra-chave** – como se forma o plural desses compostos?

*Caro Professor Moreno, eu tenho dúvidas sobre a expressão **Estado-nação**. A primeira é a própria grafia – se **Estado-nação**, **Estado-Nação** ou qualquer uma destas duas formas, sem o hífen. A segunda diz respeito ao uso do plural. Eu estive lendo a sua esclarecedora explicação do plural de compostos e percebo que a expressão estaria entre* *as que são formadas por [substantivo+substantivo]; parece-me, além disso, que o sentido é "Estado que é nação" (mas isso é um pouco complicado; afinal, a expressão foi cunhada pela História para se referir à unificação da Itália e da Alemanha, pelo que sei). O plural então ficaria **Estados-nação**? Sempre grata pela sua atenção.*

Dea F. L.

Minha cara Dea: que palavrinha feia, essa! Olha, eu não sei exatamente tudo o que está por trás do conceito de **Estado-Nação** (já que **Estado** vai com maiúsculas, é melhor fazer o mesmo com **Nação**), mas eu flexionaria como **Estados-Nação**. Acontece que nem sempre a minha intuição concorda com a dos especialistas que usam o vocábulo. Para mim, por exemplo, um **decreto-lei** seria "um **decreto** que tem a força de **lei**, que a ela se equipara"; nada mais justo do que fazer o plural **decretos-lei** – no que eu sou literalmente atropelado pela grande nação dos juristas, que usam exclusivamente **decretos-leis**.

Isso se entende facilmente: há uma forte tendência a tratar como **formas variáveis** ambos os elementos dos compostos do tipo [**subtantivo + substantivo**]: em vez de **horas-aula**, **palavras-chave**, **folhas-padrão**, que é a flexão canônica, cada vez mais aparecem formas como **horas-aulas**, **palavras-chaves**, **folhas-padrões**. É tal a incidência dessas últimas (e desengonçadas) flexões que já dá para perceber em que direção o quadro está avançando. Contudo, se mais uma vez temos aquela oportunidade de escolher entre duas formas, continua valendo o princípio fundamental: **o estilo é a soma de nossas opções**. Quem usa **Estados-Nação**, **horas-aula**, **palavras-chave** revela bom gosto e sensibilidade linguística; os outros, não.

surdo-mudo

De uma vez por todas: o composto **surdo-mudo** NÃO é uma exceção e flexiona como todos os outros.

*Prezado Professor: há um vocábulo composto que é apontado como exceção por um grande número de gramáticas. Refiro-me a **surdo-mudo**, que pode flexionar-se ora como **surdo-mudos**, ora como **surdos-mudos**; ora como **surdo-muda**, ora como **surda-muda**. Lembro de ter visto, em algum lugar, o senhor dizer que não há exceções em nossa língua. Afinal, **surdo-mudo** é ou não é exceção?*

A. Paula – Anta Gorda (RS)

Minha cara Ana Paula: apesar de muitos gramáticos tratarem este vocábulo como exceção, ele é um composto como qualquer outro. Sua flexão é absolutamente regular e previsível, como você vai ver em seguida; o problema da maioria desses gramáticos é a falta de uma formação científica adequada. Alguns têm sensibilidade aguçada para os fatos da língua, mas não conseguem enquadrar os fatos que observam na moldura da teoria. Vejamos.

Como você já deve ter percebido, os compostos do Português podem ser **substantivos** ou **adjetivos**. Na flexão dos **substantivos compostos**, aplica-se, basicamente, o princípio de flexionar todos os componentes flexionáveis do vocábulo. Observe **couve-flor, couves-flores**; **obra-prima, obras-primas**; **onça-pintada, onças-pintadas**; **segunda-feira, segundas-feiras** – todos os componentes (os substantivos **couve**, **flor**, **obra** e **feira**; os adjetivos **prima** e **pintada**; o numeral **segunda**) fizeram o que habitualmente fazem quando são vocábulos isolados: formaram alegremente o seu plural. Compare com **guarda-chuva, guarda-chuvas; abaixo-assinado, abaixo-assinados**; o **vale-tudo**, os **vale-tudo** – os componentes com flexão nominal flexionaram-se (o substantivo **chuva** e o particípio **assinado**), enquanto os demais fizeram o que costumam fazer: ficaram invariáveis (os verbos **guarda** e **vale**; o advérbio **abaixo**; o indefinido **tudo**). Na frase "o **surdo-mudo** voltou", interpretamos o composto como formado de um substantivo (**surdo**) mais um adjetivo (**mudo**); consequentemente, vamos variar os dois componentes do vocábulo: o **surdo-mudo**, a **surda-muda**, os **surdos-mudos**, as **surdas-mudas**.

Diferente, contudo, é a formação dos **adjetivos compostos**: ou eles estão constituídos de [adjetivo+adjetivo] ou de [substantivo+adjetivo]. No primeiro caso (que é o que nos interessa aqui), só flexionamos o **segundo** componente: parecer **técnico-científico**, pareceres **técnico-científicos**, assessoria **técnico-científica**, assessorias **técnico-científicas**. Note como só sofreu variação de gênero e número o adjetivo **científico**. Ora, na frase "o menino **surdo-mudo** voltou", o composto é agora interpretado como um adjetivo do primeiro tipo;

sua flexão, portanto, será "o menino **surdo-mudo**", "os meninos **surdo-mudos**", "a menina **surdo-muda**", "as meninas **surdo-mudas**". Podemos até fazer uma frasezinha mnemônica (boa para lembrar): "No ensino dos **surdos-mudos** [substantivo] é importante que haja professores **surdo-mudos**" [adjetivo]. Você quer mais? "A **surda-muda** [substantivo] tinha receio de gerar uma filha **surdo-muda** [adjetivo]." Percebe a confusão daqueles gramáticos? Não se deram conta de que o vocábulo, ao mudar de classe, ficou submetido a outro sistema de regras. Espero ter sido claro, que o assunto é meio enroscado.

superlativos eruditos

Um dia muito frio é **friíssimo** ou **figidíssimo**? Uma pessoa muito magra é **magríssima**, **macérrima** ou **magérrima**?

Uma leitora que atende pelo sugestivo pseudônimo de **lovebygirls** pergunta: "Qual o **superlativo erudito** das seguintes palavras (segue-se a lista abaixo). Há alguma regra para descobrir o superlativo erudito de palavras terminada em **L** e **ÃO**?". Minha resposta foi a que segue:

Para começar, aqui vão os superlativos que você pediu:

amargo	amaríssimo
áspero	aspérrimo
cristão	cristianíssimo
doce	dulcíssimo
frio	frigidíssimo

geral	generalíssimo
humilde	humílimo
livre	libérrimo
magro	macérrimo
miúdo	minutíssimo
nobre	nobilíssimo
pessoal	personalíssimo
sábio	sapientíssimo
sagrado	sacratíssimo
sensível	sensibilíssimo
terrível	terribilíssimo
veloz	velocíssimo
vulnerável	vunerabilíssimo

Friso que essas são as **formas eruditas**; é evidente que todos eles admitem uma forma vernácula, formada simplesmente pelo acréscimo de **-íssimo** ao radical atual. Quanto à existência de uma regra para descobrir o superlativo erudito (não só de adjetivos terminados em **L** ou **ÃO**, mas de qualquer um deles), é muito simples: é só voltar ao Latim. Ali é que os eruditos se formam. **Sábio** é *sapiens*; **livre** é *liber*; **frio** é *frigidus*; **doce** é *dulcis*; **magro** é *macer*; e assim por diante – isso explica **sapientíssimo**, **libérrimo**, **frigidíssimo**, **dulcíssimo** e **macérrimo** (as colunas sociais criaram um **magérrimo**, cruza de jacaré com cobra-d'água, que já ganhou a preferência popular...). Os que terminam em **-vel**, hoje, mesmo não sendo de origem erudita, voltam a assumir o **B** da forma latina do sufixo (**agradável** – **agradabilíssimo**); os que terminam em **ÃO** geralmente assumem a outra forma da nasal que tinham no Latim (o **N**), como em **cristão**>**cristianíssimo**, **pagão**>**paganíssimo**. Isso, contudo, não tem nada a ver com regras de formação de superlativos; trata-se simplesmente de mudanças fonológicas bem mais amplas, ocorridas na passagem do Latim ao Português. Além disso, os adjetivos que possuem, em nosso idioma, este superlativo especial, erudito, são em muito pequeno número: não chegam a duas centenas, o que é quase nada, comparado aos 100 mil adjetivos que temos hoje – numa estimativa muito moderada.

o gênero de **champanha**

*Caro Professor: li um artigo de sua autoria sobre **o champanha**, com o qual, data **maxima venia**, não concordo, se é que me cabe não concordar! A vida inteira os meus professores de Português me ensinaram a dizer **o champanha** (masculino). Não sei, para mim, soa difícil **a champanha**. Na França lhe perguntarão num restaurante "Voulez-vous **du** champagne, Monsieur?". Jamais diriam "de **la** champagne"...*

Eduardo

Prezado Eduardo: é claro que todos os meus leitores têm o direito de concordar ou não com o que eu digo; eu apenas tento persuadir vocês a pensarem como eu, mas nem sempre tenho sucesso. Você diz que seus professores de Português passaram a vida inteira a dizer que **champanha** é masculino? Pois temos algo em comum: os meus também. No entanto, ao longo da minha carreira, fui ficando cada vez mais convencido de que o gênero deste vocábulo, no Brasil, passou a ser feminino. Não posso precisar quando isso aconteceu, mas **sei** que aconteceu. Como você sabe, atribuímos um **gênero** a todos os nossos substantivos. Os que correspondem a **seres sexuados** (**macaco, cantor, mestre, leão**) geralmente apresentam uma forma masculina e uma feminina; nesses casos, o gênero combina biologicamente com o sexo. O gênero dos demais substantivos, contudo, é **arbitrário**: eles se distribuem entre **masculinos** e **femininos** segundo critérios imponderáveis. Se compararmos os pares **teste** e **tosse**, **dia** e **pia**, **pau** e **nau**, **lápis** e **cútis**, **nariz** e **cicatriz**, **talismã** e **avelã**, podemos ver que nada existe nesses vocábulos que justifique sua diferença de gênero. Uns são femininos e outros são masculinos simplesmente porque assim se fixaram no nosso léxico. Estudos modernos mostram que os falantes, ao atribuir o gênero aos vocábulos, sofrem uma razoável influência do perfil fonológico – mas isso é especializado demais para estas páginas.

É claro que há hesitações; **hélice**, por exemplo, é feminino para uns e masculino para outros. Em muitos casos, essas hesitações já se resolveram: no século XVI, na obra de Camões, ainda se lê **a planeta**, **a cometa**, hoje definitivamente masculinos; até bem pouco tempo era comum ouvir-se **a telefonema** ou **a pijama**. Quando **a soja** foi introduzida no Brasil, defendia-se o gênero masculino, já que seria **o** [feijão] **soja**; com o tempo, os dicionários passaram a admitir os dois gêneros, e hoje, finalmente, registram apenas "s.f." ("substantivo feminino"). Acho que vai acontecer exatamente o mesmo com **champanha**. Como vocábulos com este perfil são basicamente femininos (**aranha, barganha, cabanha, castanha, entranha, façanha, montanha, picanha**), o gênero fixou-se no feminino, apesar do esforço das gramáticas escolares em mantê-lo no masculino. É apenas questão de tempo, e os dicionários estarão consagrando o feminino. Espere e verá.

Outra coisa: não me venha, meu caro Eduardo, com essa de invocar o Francês. Nos vocábulos importados, em nada interessa o gênero que eles têm no seu idioma de origem; seu gênero **no Português** só vai ser definido no momento em que ele entrar **no Português**. Um bom exemplo são os numerosos substantivos franceses terminados em *-age*: *sabotage, mirage, chantage, garage, camouflage* – todos masculinos. Ao ingressarem em nosso léxico, sofrem duas adaptações indispensáveis: primeiro, recebem um **M** final, passando a fazer parte da numerosa classe de nossos substantivos terminados em *-agem*. Escrevemos **sabotagem, miragem, chantagem, garagem** e **camuflagem** do mesmo modo que escrevemos **abordagem, bobagem, calibragem, ferragem**. Além disso, assim como seus confrades brasileiros, esses vocábulos vindos do Francês recebem o gênero **feminino**. Quer outros exemplos? *la cocarde* virou **o cocar** (sim, é palavra de origem francesa, e não indígena!); *la purée* virou **o purê**; *la enveloppe* virou **o envelope**. E você quer negar que *la fondue* (*fonduta*, feminino no Italiano) já é, para nós, **o fondue**? Respeito a opinião dos professores que defendem **o champanha** (aliás, compartilhada pela maioria dos gramáticos escolares); apenas discordo dela, pelos argumentos que apresentei. Escolha a que mais lhe aprouver, porque em qualquer uma delas você vai andar em boa companhia.

P.S.: Como no caso de **vitrina**, **vitrine**, começa a ganhar corpo a variante **champanhe**.

mais bom ou melhor?

*O juiz Túlio M., do Rio Grande do Sul, assíduo leitor e importante colaborador desta página, provoca o tema: "Existe outro contexto – além de superlativo de **bom** – em que pode ser utilizada a palavra **melhor**?". E acrescenta: "A forma **melhor** pode sempre substituir **mais bem**, ou há casos em que não são intercambiáveis?". Minha resposta é a presente lição.*

Melhor, além de ser a forma comparativa de superioridade do adjetivo bom (mais bom = melhor), serve também como comparativo de superioridade do advérbio **bem** ("ele escreve melhor que o irmão, ele está passando melhor, ele corre melhor quando está descalço"). Em frases como essas, seria inaceitável usar a forma analítica **mais bem**; a substituição por **melhor** é obrigatória.

Antes de particípios, contudo, é a forma analítica a preferível: "casa **mais bem** construída, prédio **mais bem** desenhado". Esse é o uso culto, tradicional, de nossa língua. Pode ser substituído pela forma sintética: "casa **melhor** construída, prédio **melhor** desenhado" – embora os ouvidos educados registrem aqui uma nota de estranheza.

O problema é que, se às vezes é indiferente (a não ser pela elegância) optarmos por uma ou outra forma, outras vezes o emprego de **melhor** fica bloqueado. Quem conseguiu deslindar bem o problema foi, como sempre, Celso Pedro Luft, que distingue duas estruturas diferentes:

(1) mais bem [particípio]
(2) mais [bem + particípio]

Em (1), **mais** modifica **bem**, e os dois juntos vão modificar o particípio. Neste caso, podem-se usar ambas as formas:

Esta casa está mais bem   [construída]
Esta casa está melhor   [construída]

Em (2), **mais** modifica o conjunto [bem + particípio]; são vocábulos em que **bem** parece estar formando uma verdadeira unidade com o particípio, funcionando como uma espécie de prefixo. Aqui NÃO poderíamos usar **melhor**.

A Alemanha ficou [bem colocada] na disputa, mas a França ficou ainda mais [bem colocada].

Isso fica ainda mais evidente nos casos grafados com hífen: se estou escrevendo, a presença do hífen em **bem-aventurado**, **bem-educado**, **bem-intencionado**, **bem-nascido**, **bem-vindo**, **bem-sucedido**, etc. me avisa que este bem não pode combinar com o **mais** para fazer **melhor**. Infelizmente o uso do hífen não é consistente e regular o bastante para nos trazer tranquilidade. Além disso, quando eu falo, desaparece esse recurso visual, e a instantaneidade da fala não me permite examinar cuidadosamente cada estrutura. Por essa razão, uma vez que **melhor** é, das duas formas, a que sofre restrições a seu uso, a solução é usar sempre **mais bem** antes de particípios. Assim estarei sempre certo.

plural das siglas

*Prezado Professor Moreno: em um artigo seu, percebi que o senhor defende a pluralização das siglas, como **PCs**, **ORTNs**, **CPIs**. Achei estranho tal assunto, haja vista nunca ter lido nada a respeito, quer do ponto de vista gramatical, quer sob outra ótica. Assim, estou tomando a liberdade de perguntar-lhe: onde está determinado ou definido que siglas possuem plural? Que convenção, acordo, tratado, etc. estabeleceu tal assertiva?*

Jorge S. – Salvador (BA)

Prezado Jorge: você ficaria surpreso ao saber o quão pouco, em nossa língua, está regulamentado por "convenção, acordo, tratado, etc.", como você mesmo diz. Na verdade, **apenas a ortografia** (emprego das letras e acentuação, mais uma partezinha do hífen) recebeu uma regulamentação. Todo o resto (quando eu digo **todo**, é **todo**) é objeto apenas de estudos, discussões, opiniões, posições divergentes, etc. **Nada** – mas nada mesmo, nem a crase, nem a pontuação, nem a colocação dos pronomes, nem a flexão das palavras, nem mesmo a conjugação dos verbos! –, nada mais tem lei, acordo, convenção, tratado, portaria ou aperto de mão. **Temos de ler os estudiosos, distinguir o que um ou outro**

tem de melhor e ir formando uma convicção sobre as infinitas escolhas que um idioma coloca para seu usuário, trabalho que leva a vida toda.

Isso, Jorge, vale para qualquer língua do mundo que eu conheça; expressar-se bem é uma luta constante, e ninguém pode dizer que está pronto. No caso do Brasil, ainda temos de soltar foguetes, porque o Inglês e o Francês, por exemplo, nem mesmo lei ortográfica possuem!

Por que levar as siglas para o plural? Olhe, a julgar pela internet, os portugueses não costumam fazê-lo. Não existe ninguém (não há um **deus da gramática**, Jorge) que possa dizer se eles estão certos ou errados; podemos apenas comparar duas hipóteses e optar pela que parece ser mais lógica e consistente. Eu, por exemplo, sigo a lição do meu grande mestre Celso Pedro Luft, que ensinava que as siglas, no momento em que são substantivos (mesmo criados artificialmente, são substantivos, exercendo todas as funções sintáticas reservadas a essa classe de palavras), passam a ter plural, que é assinalado, no Português, pelo acréscimo do **S**: "a convenção anual das **APAEs**", "o valor estava expresso nas antigas **ORTNs**"; "as **CPIs** estão paralisando o governo"; "o local parecia ser o preferido pelos **ETs**"; e assim por diante (como, aliás, é feito com as **abreviaturas**, das quais as siglas são irmãs: **drs**., **srs**., etc.).

Temos de perder essa ilusão legalista (de que existe uma "**lei**" do Português); se você ler o que escrevi sobre **tele-entrega**, no volume 1 deste mesmo livro, vai entender a necessidade de tomarmos decisões (individuais) na hora de escrever. O melhor que podemos fazer é cercar essas decisões de todo o apoio de autoridades e especialistas – mas não podemos esquecer que, na maioria dos casos, estaremos apenas embasando nossa **opinião** na **opinião** de outros. Se até em Direito é assim, apesar da Constituição, dos Códigos, das Leis, etc., por que seria diferente em linguagem, material muito mais amplo e movediço?

Curtas

plural de **porta-voz**

> A gentil Carla quer saber o **plural** de **porta-voz**; **porta-bandeira**, diz ela, faz o plural **porta-bandeiras**, mas isso não seria válido apenas para objetos? Como em **porta-voz** são várias pessoas que respondem por outras, o plural não poderia ser **portas-vozes**?

Minha prezada Carla: o problema nada tem a ver com objetos ou pessoas, mas sim com a formação do vocábulo composto. Qualquer combinação do tipo [**verbo** + **substantivo**] só pode flexionar, por motivos óbvios, no **substantivo**. Por isso, saca-**rolhas**, porta-**bandeiras**, porta-**vozes**, guarda-**chuvas**, etc. Sinto muito, mas ***portas-vozes** é completamente impossível.

plural de **garçom**

> Thiago Bahia quer saber qual é o plural de **garçom**; segundo o leitor, nos dicionários pesquisados na internet, a forma **garçons** é desconhecida, aparecendo **garção** e **garções**.

Meu caro Thiago: é porque os dicionários atualmente disponíveis na internet (de uso livre) são todos de **Portugal**, onde eles, apesar de chamarem o garçom de **moço**, registram sempre **garção**. No Brasil (basta ver no *Aurélio* e no *Houaiss*), usamos **garçom, garçons**.

pastelzinho, pasteizinhos

Alexandre, de Limeira (SP), trabalha com propaganda e quer saber qual a forma correta para o plural de **pastelzinho**: **pastéiszinhos** (SZ), **pastéizinhos** (IZ) ou **pastelzinhos** (LZ).

Meu caro Alexandre, você conseguiu dar três na tábua e nenhuma no prego! O plural de **pastelzinho** é feito em duas etapas: (1) levamos para o plural ambos os elementos que o compõem: **pastéis** + **zinhos**; (2) unimos agora tudo de novo – ocasião em que **o acento** e o **S** vão desaparecer: **pasteizinhos**.

coletivo de urso

O leitor Alexandre Lazarini pergunta qual seria o coletivo de **urso**.

Meu caro Alexandre: e **urso** tem lá coletivo? A língua só produziu coletivos específicos para os animais gregários, que vivem em **rebanhos** ou **cardumes** (que já são coletivos). Para o resto, usamos vocábulos genéricos, como **bando**, **grupo**, **monte**, **turma**, etc. Escolha um para urso, e bom proveito.

elefanta, elefoa

Janaína, de Belo Horizonte (MG), quer saber se o feminino de elefante é **elefanta** ou **elefoa**. Diz que já assistiu a vários programas de televisão que consideram **elefoa**, mas nas gramáticas que consultou ela encontrou **elefanta**.

Minha cara Janaína: as duas formas têm muitos registros nos textos clássicos; contudo, como sempre acontece quando duas formas disputam entre si, uma delas foi pouco a pouco sendo abandonada, ficando, soberana, a forma **elefanta**.

coletivo de **borboleta**

Luiz Garfield traz sua dúvida: o coletivo de **borboleta** seria **panapaná** ou **panapanã**?

Meu caro Luiz: o *Aurélio* registra tanto **panapaná** quanto **panapanã**, embora prefira a primeira forma. Agora, um aviso: isso **não** é o coletivo de borboleta, mas um termo de origem indígena que designa um fenômeno específico, em que uma grande quantidade de borboletas – um **bando** – aparece em determinadas épocas do ano. Abraço. Prof. Moreno

gentílico de **Groenlândia**

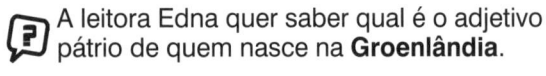

A leitora Edna quer saber qual é o adjetivo pátrio de quem nasce na **Groenlândia**.

Minha cara Edna: o homem é o **groenlandês**; a mulher, a **groenlandesa** – da mesma forma que, para a Tailândia, temos **tailandês** e **tailandesa**.

macaco tem aumentativo?

> O leitor Hélio tem uma estranha dúvida: quer saber se a palavra **macaco** tem aumentativo e, se tiver, se é como o aumentativo de outras palavras similares.

Meu caro Hélio: não entendi a sua dúvida. É claro que o aumentativo de **macaco** é **macacão**. Não importa que este termo também sirva para designar um tipo de traje inteiriço; afinal, a forma normal, **macaco**, também designa, além do símio, a ferramenta de levantar o carro. A formação é canônica, em nossa língua: **cavalo**, **cavalão**; **cachorro**, **cachorrão**; **touro**, **tourão**; e por aí vai a valsa.

plural de **médico-hospitalar**

> Luís Henrique quer saber duas coisas: qual é o plural de serviço **médico-hospitalar**? Esse hífen é realmente necessário?

Meu caro Luís Henrique: serviços **médico-hospitalares** – só o segundo elemento do adjetivo composto vai variar. Se você não quiser usar o hífen, vai ter de decompor o adjetivo em dois elementos autônomos, unidos por conjunção – aí sim com flexão dupla: serviços **médicos** e **hospitalares**.

plural de **refil**

> Danilo C., de São Paulo (SP), precisa saber o plural de **refil**.

Meu caro Danilo: apesar de refil ter vindo diretamente do Inglês (**refill**), ao entrar em nosso idioma passará a ter o plural dos vocábulos com o mesmo perfil fonológico: **barril**, **barris**; **funil**, **funis**; **refil**, **refis**.

plural de **beija-flor**

> A leitora Mitiko gostaria de saber qual o plural de **beija-flor**.

Minha cara Mitiko: **beija-flor** faz o plural **beija-flores**, assim como **porta-estandarte** e **guarda-chuva**, também formados por [verbo + substantivo], fazem **porta-estandartes** e **guarda-chuvas**.

plural de **gado**

> Um leitor anônimo pergunta se a palavra **gado** pode ser usada no plural, em frase do tipo "Trezentos e vinte e três **gados** foram comprados".

Meu caro anônimo: é claro que **gado** tem plural, como qualquer substantivo, mas seu uso é muito raro (a doença atinge **os gados** vacum e ovelhum, por exemplo). Não é o caso, no entanto, da frase que você apresentou como exemplo. Ali não se trata de **gado**, mas de **reses**. Use, portanto, 323 **reses** ou 323 **cabeças de gado**.

diminutivo de **álbum**

> A leitora Elaine gostaria de saber o diminutivo da palavra **álbum**.

Minha cara Elaine: o diminutivo de **álbum** é **albunzinho**, embora se ouça muito a forma popular (geralmente na linguagem infantil) **albinho**, que não deve ser usada em textos cuidados.

coletivo de **cobra**

O leitor Nilson Rossano vem com mais uma pergunta sobre os inúteis coletivos: qual seria o coletivo de **cobra**?

Meu caro Nilson: só têm coletivos próprios aqueles animais que nós, humanos, sempre tratamos como **grupos**: reses, lobos, elefantes, ovelhas, pássaros, cabras, porcos, camelos. Para os demais – tartaruga, jacaré, anta, preá, canguru, etc. – usamos os coletivos genéricos (**bando**, **grupo**, etc.). Para cobras, já vi **serpentário**, mas isso não é exatamente um substantivo coletivo.

feminino de **réu**

Fábio Rodrigues ouviu de uma colega que a mãe dela poderia tornar-se **ré** num processo judicial e quer saber se isso está correto – ou seria **réu**, ainda que fosse ela?

Meu caro Fábio: claro que existe o feminino! "Esta companhia é **ré** em doze processos trabalhistas", "O juiz condenou a **ré** a dois anos de detenção". Isso você encontra em qualquer dicionário! Agora, em termos genéricos (os dois polos do processo), a mãe de sua amiga poderá figurar como **réu**: Quem é o **autor**? Quem é o **réu**?

anfitriã ou anfitrioa

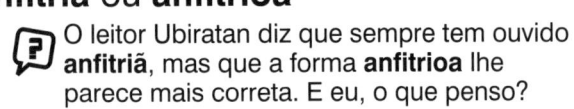

> O leitor Ubiratan diz que sempre tem ouvido **anfitriã**, mas que a forma **anfitrioa** lhe parece mais correta. E eu, o que penso?

Meu caro Ubiratan: pode ser tanto **anfitrioa** quanto **anfitriã**. Essa indefinição é uma das características dos nomes em **ÃO**, que apresentam flexões variadas, ora em gênero, ora em número. Só para exemplificar, dei uma recorrida no *Aurélio* e catei alguns vocábulos em **OA** que admitem a variante em **Ã**, além de anfitrioa: **alemoa, ermitoa, faisoa, tabelioa, teceloa** e **viloa**. Minha intuição linguística me diz, entretanto, que as formas em **Ã** são consideradas hoje mais cultas que as outras: **anfitriã, alemã, ermitã, vilã**.

plural de **vice**

> Taíse, de Nova Prata (RS), comenta uma manchete de jornal de sua cidade: "Vices-prefeitos governam municípios da região". O plural da palavra **vice-prefeito** está correto?

Não, minha cara Taíse. O plural é **vice-prefeitos**. **Vice** é um prefixo invariável; só o veremos no plural quando estiver substantivado: "Na reunião, estavam presentes todos os diretores e os **cinco vices**".

plural de **segunda-feira**

> O leitor Moacir quer saber como se escreve **segunda-feira** no plural.

Meu prezado Moacir: todas as **segundas-feiras**, todas as **quartas-feiras**, etc. É muito simples.

feminino de **reitor**

Acir C., do Paraná, pergunta: "Em nossa universidade, surgiram algumas polêmicas e ninguém chegou a conclusão alguma. Nosso reitor é um homem. A vice dele é uma mulher. Como ela deve ser chamada? **Vice-reitor** ou **vice-reitora**? As mulheres são **pró-reitores** ou **pró-reitoras**?"

Prezado Acir: nas universidades modernas pode haver **reitores** ou **reitoras**, **pró-reitores** e **pró-reitoras**. Com a inevitável ascensão da mulher, todos os cargos estão sendo flexionados no feminino: temos **desembargadoras**, **senadoras**, **prefeitas**, **reitoras**, **juízas**, **promotoras** (veja, anteriormente, o que escrevi sobre **generala**). O que as mulheres daí dizem dessa polêmica?

diminutivo de **vizinho**

Rosângela, professora de Língua Portuguesa em Sorocaba (SP), quer saber qual é o diminutivo de **vizinho**. Acrescenta que procurou no *Aurélio*, que não traz nada sobre o assunto.

Minha cara Rosângela: a formação do diminutivo de **vizinho** é automática (e por isso o Aurélio não registra): **vizinho** + **zinho** = **vizinhozinho**. Como o de **vinho** (**vinhozinho**), **pinho** (**pinhozinho**), etc. E não se esqueça de Guimarães Rosa: "Bala é um **pedacinhozinho** de metal".

plural de **guarda-sol**

> João Vicente quer saber o plural de **guarda-sol**; segundo ele, há autores que indicam **guardas-sol**, alegando que, por existir apenas um sol, esta palavra não se flexiona.

Meu caro João: para começar, o elemento "guarda" de **guarda-sol** é o verbo **guardar** e, portanto, fica invariável (como **guarda**-chuva, **guarda**-chuvas); nunca poderia flexionar em **guardas**. E que história é essa de só termos um sol? Não estamos falando do astro, o **Sol** (notou a maiúscula?), mas do **sol**, a luz deste astro.(Não devem ficar muito tempo no **sol**, meninos!) **Guarda-sol**, **guarda-sóis** – o plural é normal. Aliás, só na nossa galáxia há milhares de sóis...

plural de **quebra-sol**

> Ivan está em dúvida sobre o plural dos compostos. Sabendo-se que **guarda-roupa** no plural fica **guarda-roupas**, como ficaria **quebra-sol** no plural? **Quebras-sol** ou **quebra-sóis**?

Meu caro Ivan, sua resposta já está na sua pergunta. **Guarda-sol** e **quebra-sol** são compostos análogos, com a mesma estrutura [verbo + substantivo]. Se **guarda-sol** faz **guarda-sóis** (o verbo fica invariável; só o substantivo flexiona), então **quebra-sol** faz **quebra-sóis**. É exatamente a mesma coisa.

plural de **curriculum vitae**

> Giane gostaria de saber qual é o plural da palavra **currículo vitae**.

Prezada Giane: não existe *****currículo vitae**. Ou você usa em Latim – **curriculum vitae** – ou em Português – apenas **currículo**. Se usar no Latim, o plural é **curricula vitae**; no Português, é claro que é **currículos**.

feminino de **boi**

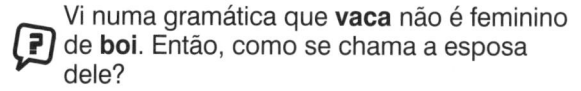

> Vi numa gramática que **vaca** não é feminino de **boi**. Então, como se chama a esposa dele?

Prezada Paula: acho que você fez uma pequena confusão com o que leu: **vaca** não é o feminino de **boi** no sentido morfológico, como **aluna** o é de **aluno** e **gata** de **gato** – mas continua a ser o feminino biológico! Não podemos misturar uma coisa com a outra. O feminino morfológico é formado pelo acréscimo de A ao masculino (**pato**, **pata**; **rato**, **rata**; **cantor**, **cantora**). Há femininos, contudo, que são indicados por uma palavra completamente diferente: **homem**, **mulher**; **boi**, **vaca**; **bode**, **cabra**.

plural de **pôr-do-sol**

> Adrieli P. quer saber se a palavra **pôr-do-sol** tem plural.

Claro, Adriele: é **pores-do-sol**. O verbo substantivado vai se pluralizar normalmente, como acontece com os **haveres**, os **afazeres**, os **ires** e **vires**, etc.

curriculuns?

> Carmem V. pergunta se está certo escrever **currículuns**.

Prezada Carmem: ou você usa a forma latina **curriculum vitae**, cujo plural é **curricula vitae** (**curriculum** é um neutro da 2ª declinação e faz o plural em A), ou opta pela forma simplificada (e mais moderna) **currículo**, cujo plural vai ser, naturalmente, **currículos** (Ontem examinei mais de dez **currículos**). A escolha é sua; agora, **curriculuns* é bicho bravio, que não existe.

plural de **curta-metragem**

> Bel e Sandro querem saber qual é o plural de **curta-metragem**.

Prezados amigos: **curta-metragem** tem o plural **curtas-metragens**, assim como **longa-metragem** faz **longas-metragens**. Ambos os elementos do composto (adjetivo e substantivo) são normalmente flexionados.

coletivo de **corvo**

> Adriano D. quer saber onde pode estudar os coletivos e qual seria o coletivo de **corvo**.

Meu caro Adriano: o estudo dos coletivos é extremamente limitado. São poucos os coletivos específicos que existem no Português; a maioria dos pássaros, por exemplo, vivem em **bandos** – e isso vale para corvo, pombo ou pardal. Não perca seu tempo com isso; quem valorizava isso eram os gramáticos do século passado, que faziam listas e listas, a maioria delas absolutamente fantasiosas e artificiais. Não admira que não se encontre quase nada na bibliografia moderna. O dicionário *Houaiss* (versão eletrônica) tem uma função específica que se ocupa disso.

coletivo de **mosquito**

Roberto, de Niterói (RJ), gostaria de saber qual é o coletivo de **mosquito**.

Meu caro Roberto: mas que pergunta! Uns usam **bando**, outros usam **nuvem**, outros usam **enxame** – não existem coletivos oficiais, como você bem sabe. Agora, um comentário: ninguém mais leva a sério os substantivos coletivos, exatamente porque eles estão ficando genéricos demais! Espero que não haja nenhum professor por aí perdendo tempo com essas chinesices.

segundas-vias

Walda M. quer saber qual a forma correta – eu solicitei a **segunda via** ou as **segundas vias** das contas?

Minha cara Walda: você pode escolher a que mais lhe agradar. "Mandei **as cópias** das onze faturas" ou "mandei **a cópia** das onze faturas"; "arquivei **os canhotos** de todos os recibos" ou "arquivei **o canhoto** de todos os recibos". Nesses exemplos, eu prefiro o singular – **segunda-via**, **cópia**, **canhoto** –, mas o plural também está correto.

tigresa

Flávio S., de Vitória (ES), está num impasse: o Aurélio diz que o feminino de **tigre** é **tigresa**, mas seu professor discorda, afirmando que é **tigre fêmea**. Qual é o correto?

Meu caro Eduardo: tanto o *Aurélio* quanto o *Houaiss* registram **tigresa** como um feminino possível para **tigre**. Talvez essa forma tenha vindo do Espanhol, onde ela é comum, mas isso não importa. Tradicionalmente, aparece muito o "tigre fêmea", mas o século XX viu também o incremento do uso do feminino sufixado. Você pode escolher o que mais lhe aprouver.

autoelétrica

Adalberto, de São Paulo (SP), gostaria também de saber qual é o correto, se é **autoelétrico** ou **autoelétrica**.

Meu caro Adalberto: **autoelétrico** é um adjetivo composto, do mesmo tipo que **médico-cirúrgico**. Como tal, ele vai concordar com o substantivo a que estiver ligado, flexionando sempre o segundo elemento do composto: tratamento médico-**cirúrgico**, clínica médico-**cirúrgica**, plantões médico-**cirúrgicos**. Da mesma forma, serviços auto**elétricos**, oficinas auto**elétricas**. Na rua, geralmente vemos **autoelétrica**, porque aqui se pressupõe claramente o vocábulo "**oficina**" (o mesmo substantivo feminino que está por trás da concordância de "**retificadora** de motores", "**vulcanizadora** de pneus", etc.).

federal, federais

> A leitora Ana Rosa L. estranha quando os noticiários dizem "As rodovias **federais**, as faculdades **federais**, os policiais **federais**...". Pergunta: "Isso está correto? Pois que eu saiba, referindo-se ao Brasil, é tudo uma federação só. O certo não seria os policiais **federal**?".

Minha cara Ana Rosa: **federal**, aqui, é um **adjetivo**; deve, portanto, concordar com o substantivo a que se refere: os **policiais federais**, as **faculdades federais** – do mesmo modo como temos **leis municipais**, **impostos estaduais**, etc. O fato de sermos uma só federação não vai influir na concordância nominal.

plural de fax

> A leitora Fabiana precisa saber como se escreve a palavra **fax** no plural.

Prezada Fabiana: é igual ao singular: eu prefiro um **fax**, dois **fax**, do mesmo modo que um **sax**, dois **sax**. No entanto, o *Houaiss* também admite as formas **faxes** e **saxes**, que o *Aurélio*, por sua vez, recomenda como único plural.

gênero de omelete

> É **um** ou **uma** omelete? – pergunta Valquíria C., de São Bernardo do Campo (SP).

Minha cara Valquíria: embora o *Houaiss* dê **omelete** como sendo indiferentemente masculino ou feminino, prefiro seguir aqui a lição do mestre *Aurélio* e considerar o vocábulo como **feminino**; não foi por acaso que a variante que se formou (e que ambos os dicionários registram) é **omeleta**. Portanto, diga vou comer **uma** omelete, e bom proveito.

tunelão?

> João F. C. conta que esteve em visita a uma empresa ferroviária em Minas e lá estava escrito **tunelão**, referindo-se a um túnel grande. Está correto?

Meu caro João, eu preferiria **tunelzão**, formado no mesmo padrão que **facilzão**; no entanto, ao que parece, optaram por **tunelão**, seguindo o modelo de **papelão**. Quer minha opinião? Ambas as formas são horríveis.

os guarani?

> José Ricardo A., de São Paulo, diz ter lido num livro escolar uma frase que começava assim: "Os **Guarani**". Isto está certo?

Não, meu caro José. Isso aí foi uma moda inventada pelos antropólogos: há uma convenção de uso, entre eles, de sempre deixar o nome das tribos indígenas no singular: os **bororo**, os **guarani**. Isso não vale, no entanto, para a linguagem das pessoas normais (como, aliás, convenções específicas usadas entre matemáticos ou químicos também não valem). Vamos escrever os **guaranis**, os **tupis**, os **tupinambás**, como sempre escreveram os nossos melhores autores (basta ler Vieira, Alencar e Gonçalves Dias, por exemplo).

plural de *curriculum vitae*

> Ney C., professor de Português, pergunta se o plural de *curriculum vitae* não seria *curricula vitarum* (genitivo plural, 2ª declinação). "Afinal, temos de passar os dois termos para o plural, não?"

Meu caro Ney: não, não temos. Lembre que não precisamos (ou devemos) levar os adjuntos adnominais para o plural, automaticamente, quando flexionamos o núcleo do sintagma – e isso vale tanto para o Latim quanto para o Português. "Carreira de vida", "carreiras de vida". O plural de *curriculum vitae* é *curricula vitae*; *vitae* continua no genitivo singular – como, aliás, você pode ver no ***Aurélio***.

gênero de **marmitex**

> As professoras Lena e Nilma perguntam se **marmitex** é palavra masculina ou feminina, formada por derivação de **marmita**.

Minhas caras: **Marmitex**, que eu saiba, não é palavra, mas uma marca comercial de papel aluminizado e afins (certamente derivada de **marmita**). Qual é o gênero? Não sei, porque a concordância, em casos como esse, é feita com relação ao objeto designado. Se for uma dessas quentinhas de alumínio, seria então **uma marmitex** – do mesmo modo que **uma gilete** (lâmina), **um modess** (absorvente), **uma havaiana** (sandália) – todas elas tradicionais marcas da indústria.

felicidade tem plural?

> Walkyria G. pergunta se **felicidade** tem plural. Muito prática, quer saber como fica a letra do *Parabéns a Você*: "**muita felicidade** ou **muitas felicidades**, muitos anos de vida?".

Prezada Walkyria, é claro que esse vocábulo flexiona em número. O dicionário *Houaiss* registra o plural exatamente com o sentido de **congratulações**: felicidades – votos de feliz êxito. Agora, quanto à letra da canção, acho que a escolha é livre, já que eu posso também desejar ao aniversariante **muita felicidade**.

plural de **troféu**

> Paulo B., de Goiânia (GO), pergunta se o plural da palavra **troféu** é feito com alterações no vocábulo.

Caro Paulo: o plural dos nomes terminados em **-éu** é diferente do plural dos terminados em **-el**. Estes fazem o plural em **-is** (**papéis**, **pastéis**), enquanto aqueles simplesmente recebem o S (**chapéus**, **ilhéus**). Portanto, o plural é **troféus**.

plural de **arroz**

> A leitora Luma R. gostaria de saber qual é o plural de **arroz**.

Minha prezada Luma, é **arrozes**. Embora pareçam estranhos esses plurais de nomes **não-contáveis**, eles são usados em contextos especiais. Existem **açúcares**, **feijões**, **arrozes**, **milhos**, **álcoois**, etc.

plural de **histórico-literário**

O leitor Ed S., de Porto Alegre (RS), precisa saber o plural de **histórico-literário**.

Meu caro Ed: panorama **histórico-literário**, revisão **histórico-literária**, panoramas **histórico-literários**, revisões **histórico-literárias**. Como você pode ver, os adjetivos compostos só flexionam o segundo elemento, seja em **gênero**, seja em **número**.

real tem plural?

O leitor Bruno, de Viçosa (MG), confessa que esteve debatendo com seus colegas de trabalho sobre o plural do **real** moeda: "Eu teimei que era 10 **real** e não 10 **reais**!".

Meu caro Bruno: você teimou de cabeçudo que é. Dizemos **dez reais** da mesma forma que vamos dizer **dez dólares**, **dez euros**, **dez marcos**, **dez pesos**. As moedas têm plural!

feminino de **beija-flor**

Renata M. escreve da Virgínia, nos EUA, perguntando se a palavra **beija-flor** possui feminino, e por quê.

Minha cara Renata: não, **beija-flor** não tem feminino. As pessoas (e, consequentemente, o idioma) não distinguem os sexos das aves, exceto aquelas que, pela importância econômica (produção de ovos, por exemplo), precisam ser separadas em machos e fêmeas: **pato**, **pata**; **galo**, **galinha**; **peru**, **perua**; **marreco**, **marreca**. Os demais – **sabiá, pardal, tico-tico, bem-te-vi, currupião, pintassilgo**, etc. – são tratados como sendo de um só gênero. Às vezes há hesitação sobre o gênero de um deles, mas isso é outra coisa: uns dizem **um**, outros **uma sabiá**, mas vão usar consistentemente a sua opção tanto para machos quanto para fêmeas.

malas-diretas

> Rosangela e Silmeire, de São Paulo, precisam saber qual é o plural correto: as **mala-diretas** ou as **malas-direta**?

Prezadas leitoras: quando um composto contiver um **substantivo** e um **adjetivo**, na ordem normal do sintagma (que é S+A), ambos os elementos vão ser flexionados, assim como seriam flexionados se fossem apenas dois elementos independentes: **casa amarela, casas amarelas; obra-prima, obras-primas; onça-pintada, onças-pintadas; mala-direta, malas-diretas**.

búfala

> Cleide A., de Diadema (SP), relata uma discussão com os amigos numa pizzaria: "O correto é pedir pizza de mozarela de **búfala**, como está no cardápio, ou mozarela de **búfalo**? Pois surgiu a dúvida de que **búfalo** não tem feminino...".

Prezada Cleide: como não tem feminino? Claro que tem! É **búfala** mesmo. Tome cuidado quando olhar no dicionário: quando ali diz "s.m.", isso não significa que não tenha feminino. Basta procurar **aluno**, ou **menino**, e você verá que o dicionário apenas diz qual é o gênero desta forma que está ali registrada – mas nada sobre a existência ou não da forma feminina. O *Houaiss* registra, com todas as letras, no verbete **búfalo**: "Fem.: búfala".

churros

> Antônio C., do Rio de Janeiro, não se conformou quando um amigo lhe disse que não se pede um **churros**, mas sim um **churro**. O leitor alega que (1) nem sempre o **S** indica o plural (como **ônibus**); (2) a palavra é de língua estrangeira, não sabendo como ela funciona no original; (3) o Português é uma língua viva, sempre se adaptando ao falar das pessoas. Conclui: "Sendo assim, dizer que **um churros** custa 50 centavos está errado?".

Meu caro Antônio, está completamente errado. É um **churro**, dois **churros**. Seu argumento de que o **S** não indica necessariamente o plural é irrelevante: você não conseguirá reunir dez substantivos assim (**ônibus**, **pênis**, **tênis**, **lápis**, **pires**), contra mais de duzentos mil que marcam o plural com esta terminação. Quanto ao Português mudar, lembre-se de uma coisa: ele muda nos detalhes, jamais no essencial; a flexão do plural é um dos fundamentos de qualquer idioma e não vai mudar enquanto nosso idioma for uma língua viva. Por último, em Espanhol, de onde veio o vocábulo, também é **churro**, **churros**. Dizer um **churros** é como pedir **um chopes**: as pessoas entendem, mas estranham.

muito dó

> A leitora Tânia C., gaúcha, mantém uma discussão cordial com alguns amigos mineiros, que juram que a palavra **dó** ("pena") é do gênero feminino, empregando expressões como "tenho **uma dó** de fulano" ou "me dá **uma dó daquelas**". Qual é a forma correta?

Minha cara Tânia: **dó**, no sentido de pena, piedade, é um substantivo **masculino** – tanto na opinião de *Houaiss* como na de *Aurélio*, nossos dois dicionaristas mais abalizados. Aliás, a quase totalidade dos oxítonos em **Ó** são masculinos, como **xodó**, **cipó**, **pó**, etc., o que me faz estranhar muito essa tendência de certos estados do país usarem **dó** como feminino. A única explicação seria uma confusão semântica com "pena", a partir de analogias do tipo "estou com muita pena" = "estou com *muita dó".

gênero de **paradigma**

> Rita, de Belo Horizonte (MG), que trabalha em um escritório de advocacia, escreve para dizer que o seu chefe, ao falar de um acusado, costuma dizer que ele é **um** paradigma; se for uma acusada, diz que ela é **uma** paradigma. Afinal, **paradigma** é um substantivo de dois gêneros?

Prezada Rita: se entendi bem, o problema é saber se **paradigma** se comporta como **analista**: **um** analista, **uma** analista. Ora, é claro que não; **paradigma** é similar a **testemunha**: ele é **uma** testemunha, ela é **uma** testemunha; ele é **um** paradigma, ela é **um** paradigma.

formanda

> Ronaldo S. gostaria de saber se é correto o uso da palavra **formanda**. Acrescenta:" Já procurei no dicionário, e aparece apenas 'formando, s.m.'".

Meu caro Ronaldo: você também só vai encontrar **aluno**, **porco**, **professor**, **candidato**, etc., porque os femininos **aluna**, **porca**, **professora** e **candidata** estão implícitos. A meu ver, é uma falha técnica em nossos dicionários, que deveriam diferençar substantivos que só têm um gênero, como **alfinete**, em que caberia a indicação "s.m.", de substantivos que têm flexão, como **lobo**, que deveria trazer a indicação "s. 2 gên.".

situação-problema

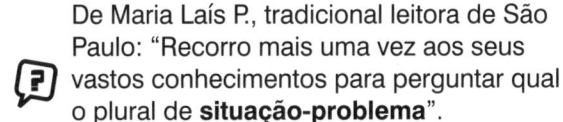

> De Maria Laís P., tradicional leitora de São Paulo: "Recorro mais uma vez aos seus vastos conhecimentos para perguntar qual o plural de **situação-problema**".

Prezada Maria Laís, é o mesmo de **aluno-problema**. Como o segundo substantivo está na função de adjetivo, ele fica invariável: **horas-aula, alunos-problema, folhas-padrão, situações-problema**.

normas-padrão

> Marlon P., de Vila Velha (ES), quer saber se o plural de **norma-padrão** é **normas-padrões** ou **normas-padrão**. Acrescenta: "Não seria o mesmo caso de **palavras-chave**, que tanta gente anda escrevendo **palavras-chaves**?".

Meu caro Marlon: quando o segundo substantivo de um composto serve para restringir o primeiro, ele fica invariável: operários-**padrão**, palavras-**chave**, horas-**aula**. Essa é a forma preferível; é claro que, no uso, muita gente está flexionando também o segundo (palavras-**chaves**, funcionários-**fantasmas**, horas-**aulas**), mas isso é ainda visto com muito maus olhos por quem escreve bem. Eu usaria, sem hesitar, **normas-padrão**.

gênero de **mascote**

> Vera H. vem gentilmente perguntar se **mascote** é masculino ou feminino.

Minha cara Vera: **mascote** é um substantivo **feminino**; "aquele carneiro é a **mascote** do regimento", "o papagaio era **a mascote** preferida dos indígenas", e assim por diante. Assim vem no *Houaiss* e no *Aurélio*; acho que há, contudo, uma forte tendência a considerar este substantivo como um comum-de-dois, como **estudante** (**O** mascote, **A** mascote), dependendo do gênero do animal a que se refere. Em breve os dicionários vão ter de registrar essa dupla possibilidade.

masculinos terminados em **A**

Kleber S. escreve de Hannover (Alemanha), indagando sobre substantivos masculinos que terminam em A. Diz ele: "Conheço uma exceção clássica como **planeta** e sei que existem aqueles que admitem os dois gêneros, como **pateta**. Existe algum outro substantivo masculino terminado em **A** ou feminino com final **O**?".

Meu caro Kleber: existem vários substantivos masculinos terminados em A: **planeta**, **cometa**, **mapa**, **tapa**, **tema**, **diadema**, **sofisma**, **diagrama**, **telefonema**, **aneurisma**, etc. – muitos deles, não por acaso, considerados **femininos** até o século XVI (Camões usava **A** cometa, **A** planeta). Agora, femininos em **O** são raríssimos; temos **tribo**, **libido** e reduções de vocábulos maiores, como **foto** e moto.

3. Como se conjuga

A flexão do nosso verbo é bem mais complexa que a dos substantivos e adjetivos, pois sua terminação vai refletir o **tempo**, o **modo**, a **pessoa** e o **número**. Uma forma como **estávamos**, por exemplo, nos fornece várias informações simultâneas: trata-se do verbo estar, na 1ª pessoa do plural do pretérito imperfeito do indicativo. Como temos **nove** tempos verbais, e cada tempo geralmente é conjugado nas **seis** pessoas gramaticais (eu, tu, ele/você, nós, vós, eles/vocês), a quantidade de formas que precisamos dominar para conjugar nossos verbos corretamente é realmente muito maior do que a exigida para a correta flexão nominal. No entanto, conjugar não é difícil como parece, e milhões de brasileiros aprenderam a fazê-lo com um pouco de estudo e de esforço – auxiliados, mais uma vez, pela extraordinária regularidade que existe em todo o sistema. As antigas professoras da escola primária sabiam disso muito bem: ao mandar que seus aluninhos decorassem um verbo terminado em **-AR** (geralmente era **cantar**, evitando assim o embaraço inevitável que traria o verbo **amar**), estavam fornecendo àquelas cabecinhas o domínio sobre 70% dos verbos de nosso idioma. Acrescentem a isso um verbo em **-ER** e um verbo em **-IR**, e terão quase a totalidade de nossos verbos na ponta da língua. Depois, era estudar as irregularidades (que não são muitas) e trazer debaixo do olho o verbo **ser** e o verbo **ir**, completamente especiais, fora de qualquer modelo conhecido (como, aliás, também o são no Inglês, no Francês ou no Espanhol).

É evidente que as páginas que se seguem vão tratar das dificuldades mais importantes e discutir os casos mais frequentes de dúvida, mostrando, como sempre tem sido a minha preocupação, o padrão que se esconde por trás da aparente irregularidade das formas flexionadas.

pego e chego

> O ladrão foi **pego** ou **pegado** em flagrante? Eu tinha **chego** ou **chegado** tarde em casa? **Pegar** e **chegar** têm duas formas para o particípio, ou apenas uma?

Dois leitores perguntam sobre facetas diferentes do mesmo item:

*Doutor: o particípio passado do verbo **chegar** é **chegado**, mas eu gostaria de saber se **chego** também pode ser usado como forma do partícipio.*

Fabiana L. C., Londres (Inglaterra)

*Tenho visto com muita frequência em nossos jornais e na televisão usarem a forma reduzida **pego**, que encontrei até mesmo no **Aurélio**. Outro dia, assistia a um programa da TVE, no qual um professor de Português classificava **pego** como uma forma popular do particípio, mas não disse que seu uso era incorreto. Continuo firme usando **pegado**, apesar* *das acirradas discussões que travo com colegas e amigos. Estou errado, Professor?*

Paulo D. – advogado

Meus caros: alguns (poucos) verbos de nossa língua têm um particípio curto, irregular, ao lado do particípio normal que todo verbo tem (com a terminação **-ado** ou **-ido**). Por ter essas duas formas, esses verbos são chamados **abundantes**: **pagar**, pagado e pago; **acender**, acendido e aceso; **imprimir**, imprimido e impresso; e assim por diante. Qualquer gramática razoável tem uma lista desses verbos. Cuidado, contudo, com o poderoso efeito da analogia, que pode criar (ou tentar criar) novos verbos abundantes. Isso já aconteceu com **pegar**. Para a língua culta formal, só existe **pegado**; o povo, por analogia com **pagar** (**pagar** está para **pagado** e **pago** assim como **pegar** está para **pegado** e...), criou **pego**, que ainda é visto com desconfiança pelos acadêmicos (eu, particularmente, nem uso; aliás, nem sei qual é a pronúncia do **E** da primeira sílaba – já ouvi aberto, como em **prego**, e fechado, como em **preto**).

Na esteira dessa analogia proporcional (**X** está para **Y**, assim como **A** está para **B**), já me perguntaram se **trazer**, além de **trazido**, tem a forma **trago** (!); se **cegar**, além de **cegado**, tem a forma **cego**; se **pregar**, além de **pregado**, tem a forma **prego**; se **chegar**, além de **chegado**, tem a forma **chego**. A resposta é NÃO para todos eles. Ou melhor: não que eu saiba; afinal, a Linguística me ensinou que nada impede que venham a existir essas formas algum dia – quando espero estar debaixo de sete palmos de terra. O que diria um estudioso do século passado se lhe perguntassem se **pegar** tinha dois particípios? É claro que responderia que não, mal sabendo ele que o controvertido **pego** vinha vindo a galope...

No momento, Fabiana – ao menos pelos próximos trinta anos –, você não vai encontrar pessoas articuladas utilizando o particípio **chego** (?). O que eu conheci, no meu tempo de faculdade, foi o **substantivo** coloquial criado pela nominalização do verbo: vou dar um **chego** ali na praça – mas isso era malandragem dos ingênuos anos 60, tempo em que se usava **do balacobaco** sem ruborizar.

Quanto a você, Paulo, pode continuar firme no **pegado**; por enquanto, essa é a forma abonada e justificada em todos os bons autores. No entanto, ninguém pode negar que **pego** já existe, uma vez que milhões de brasileiros o utilizam alegremente. A maioria dos gramáticos concorda que esta forma mais curta ainda não tem o **status** da forma mais longa; basta ver que a pronúncia do **E** ainda não foi fixada pelos usuários. A língua que a gente usa é como nossa vestimenta: bermuda também é roupa e atende às necessidades básicas do decoro; numa recepção, contudo, o paletó e a gravata sempre serão a opção de quem quer se vestir bem.

particípios abundantes

Quando um verbo tem dois particípios, como **ganho** e **ganhado**, **pago** e **pagado**, você sabe qual das duas formas deve ser usada?

Professor: minha dúvida é com o uso dos

*verbos **ter/haver** e **ser/estar** como auxiliares do particípio. Sei que os primeiros exigem os particípios **regulares** (Tinha **matado**, havia **gastado**), enquanto os últimos exigem os particípios **irregulares** (Foi **morto**, estava **gasto**). Porém, encontro frequentemente nos jornais (e na fala coloquial) frases como, por exemplo, "o time **tinha ganho** o primeiro tempo da partida". Gostaria de esclarecer se a regra que citei permite exceções.*

Nivaldo N. – São Paulo (SP)

Meu caro Nivaldo: os verbos que têm particípios duplos são poucos (não chegam a **cem** – perto dos 50 ou 60 mil verbos de nossa língua). Os gramáticos tentam fazer listas completas; contudo, se cotejarmos duas ou três listas, veremos que há uma razoável discrepância entre elas. De qualquer forma, **quando houver dois particípios**, funciona um princípio geral de uso: a forma longa, **regular** (em **-ado** ou **-ido**) é usada nas locuções verbais na **voz ativa**, com os auxiliares **ter** ou **haver**, enquanto a forma mais curta, **irregular**, é usada com **ser** ou **estar**: "Eu **tinha acendido** o fogo", mas "o fogo já **estava aceso**"; "a gráfica **havia imprimido** as cédulas falsas", mas "as cédulas **foram impressas** no exterior".

Note que esse é um princípio geral. Em primeiro lugar, muitos verbos abundantes estão perdendo a forma regular, em virtude da preferência do falante pela forma mais curta em qualquer situação: "a conta já **foi paga**/ela **tinha pago** a conta", "este dinheiro **foi ganho** com meu trabalho/eu **tinha ganho** este dinheiro com meu trabalho". Eu ainda uso **pagado** e **ganhado** com os auxiliares **ter** e **haver**, mas percebo que meus ouvintes estranham; isso significa que, em breve, esses verbos deixarão de ser abundantes e ficarão, como **dizer** e **fazer**, apenas com o particípio curto (**dito**, **feito**).

Em segundo lugar, a língua, em seus caminhos misteriosos, se encarrega de anular, às vezes, o princípio geral: é o caso de **imprimir**, que, se é abundante em seu sentido normal (dei exemplos acima), no sentido de "introduzir, incutir" só vai ter o particípio regular, mesmo em locução com o verbo **ser**: "A entrada do atacante **tinha imprimido** maior velocidade ao ataque/Um novo ritmo **foi imprimido** ao trabalho da equipe" (e não ***impresso**). E assim por diante; continuamos a usar aquele princípio geral porque ele é didático, sabendo, no entanto, que não é absoluto.

eu tinha "**compro**"?

Não vou fazer de novo, porque eu já tinha **feito**; não vou dizer de novo, porque eu já tinha **dito**. E aí? Não vou comprar de novo porque eu já tinha **compro**? Ou é **comprado** mesmo?

*Professor Moreno: tenho ouvido com muita frequência expressões do tipo "eu tinha **compro** uma caneta", "nós deveríamos ter **compro** aquele carro". Qual o motivo dessas expressões se tornarem tão usadas? Do jeito como as coisas estão indo, daqui a pouco passaremos a ouvir "Nós perdemos a oportunidade de ter **fecho** o negócio". Explique-nos* *onde está o erro, se é que está errado. Já estou começando a ter dúvidas. Um abraço.*

Bruna – Goiânia (GO)

Minha cara Bruna: não sei onde você tem ouvido essa barbaridade, mas aconselho-a a evitar as pessoas que falam desse jeito. Imagine se os verbos regulares começassem a formar esse particípio mais curto, ao lado da tradicional forma terminada em **-ado** ou **-ido**! Íamos ouvir "eu tinha **lavo**", "eu tinha **vendo**", "eu tinha **falo**" – ou, como você tão bem notou, "eu tinha **fecho**". Alguns verbos (poucos, na verdade) têm dois particípios, mas eles não passam de uma centena, perto dos 50 mil verbos que o Português tem hoje. Dê uma lida no que escrevi sobre **pego** e **chego** e escolha melhor as suas companhias.

soer

"No tempo que de Amor viver soía", diz o belo soneto de Camões, escrito no século XVI. E hoje? Como se conjuga o verbo **soer**? Ele ainda é usado?

*Caro Doutor: Saúde e Paz! Como conjugar e usar com propriedade o verbo **soer**, tão pouco conhecido da nossa gente?*

Revdo. Clayton – Botucatu (SP)

Meu caro Clayton: o verbo **soer** é conjugado exatamente pelo modelo do verbo **roer**. A única – e importante – diferença é que **soer** é considerado um verbo **defectivo** no presente do indicativo; falta-lhe a **primeira pessoa do singular**: **eu** [...], **tu sóis**, **ele sói**,

nós soemos, **vós soeis**, **eles soem**. Como a pessoa que falta é exatamente a formadora do **presente do subjuntivo**, este tempo inexiste, na sua totalidade. Enquanto temos, para **roer**, "que eu **roa**, que tu **roas**, que ele **roa**, que nós **roamos**, etc.", o verbo **soer** não possui pessoa alguma.

Soer já foi um verbo de largo emprego no Português do século XVI (Camões usava muito), com o sentido de nosso **costumar**: "No tempo em que os homens **soíam** respeitar sua palavra". No entanto, hoje seu emprego ficou praticamente restrito aos textos e discursos eruditos, em expressões mais ou menos pré-fabricadas do tipo "**como sói acontecer**", "**como soía ocorrer**". Sempre que você tiver dúvidas sobre a conjugação de algum verbo, Clayton, eu lhe recomendo consultar o ***Aurélio*** ou o ***Houaiss*** na edição eletrônica (para computador), que dá a conjugação de todos os verbos de nosso idioma.

abram alas

Veja como um erro de Português na letra do samba-enredo impediu que uma escola saísse vitoriosa no desfile de carnaval.

Prezado Professor: infelizmente passamos por uma situação inusitada na Quarta-Feira de Cinzas, quando da apuração do carnaval de rua de nossa cidade. Minha escola teria ganho o título, não fosse por um jurado ter aplicado uma penalidade *de dois pontos na letra do samba. Em determinado momento, há a seguinte frase: "...Ô **abram-alas**, que a Vila vai passar...", fazendo uma alusão às pessoas (**imperativo** – plural) para que abram caminho que a escola vai passar. Nem mesmo o jurado soube explicar o motivo da penalidade; ele escreveu "... acho que ficaria melhor **abre-alas**...", o que mudaria completamente o sentido da frase. Minha dúvida é a seguinte: o verbo contido na expressão **abre-alas** não pode ser conjugado?*

Luciana – Campinas (SP)

Minha cara Luciana: não, os verbos que estão dentro de um substantivo composto jamais são conjugados. Eles ficam ali como cristalizados: o **saca**-rolha, os **saca**-rolhas (e não *****sacam**-rolhas); o **porta**-bandeira, os **porta**-bandeiras (e não *****portam**-bandeiras). Infelizmente, a letra da sua escola contém um pequeno equívoco, que terminou comprometendo sua classificação: ela confunde o **abre-alas** ("tabuleta, dístico, ou carro alegórico, que abre o desfile duma entidade carnavalesca", diz ***Aurélio***) com **abram alas**, aí sim o imperativo plural, avisando às pessoas que a Vila vai passar. "**Ô, abram alas**, que a Vila vai passar" – essa seria a forma correta (sem hífen, porque não é um composto). Sinto muito.

adequo rima com **continuo**?

> Como se conjuga o verbo **adequar** no presente do indicativo? É um verbo **defectivo** (daqueles que não podem ser conjugados em todas as pessoas) ou tem conjugação completa?

*Prezado Professor, ajude-me numa dúvida que tenho: o verbo **adequar** – muito usado por autoridades em cerimônias de inaugurações – ficaria, na terceira pessoa do singular, **adéqua** (com a tônica no **E**) ou **adequa** (com a tônica no **U**)? Penso que a última forma seria a mais correta, dada a situação anômala do verbo, mas gostaria de uma confirmação.*

Olga T. – Professora – Itajaí (SC)

Minha cara Olga: quanto ao **adequar**, temos um problema: os gramáticos o classificam como um daqueles verbos defectivos que só podem ser conjugados nas **formas arrizotônicas**. Não para você, que é professora, mas para os outros leitores, explico que assim se chamam as formas cuja vogal tônica fica **fora** do radical (le**VA**mos, le**VA**is), ao contrário das **rizotônicas** (**LE**vo, **LE**vas, **LE**va, **LE**vam). Isso nos deixaria, no presente do indicativo, apenas com o **nós adequamos**, **vós adequais**. Para que os alunos entendam rapidamente, basta assinalar que esse verbo, segundo a opinião dos gramáticos (é bom deixar isso bem claro: **opinião**), não poderia apresentar nenhuma das formas em que a tônica seria o **U** (o que condenaria **adequo**, **adequas**, etc.).

Ora, como bem sabemos, esse negócio de **verbo defectivo** é muito mais uma questão de uso e de época; gramáticos tradicionais implicavam com a forma **compito**, do **competir**, que hoje é aceita pela maioria dos autores. Acho que o mesmo está acontecendo com o **adequar**; vai terminar sendo aceito por todos como um verbo completo. Talvez esse consenso demore um pouco, mas a resposta sobre a prosódia correta deste verbo já foi dada de antemão, pela própria restrição que hoje ainda (?) se aplica a ele: não deve ser usado nas formas em que o **U** for tônico! Está dito com todas as letras: o **U** é **tônico**; ele vai ter (ou já tem?) a mesma conjugação do **obliquar**, que é **obliquo**, **obliquas**, **obliqua**. Eu, pessoalmente, evito conjugá-lo porque, como você sabe, os olhos e ouvidos estão sempre focados na linguagem do professor de Português; sinto, contudo, que formas como **adequo**, **adequas**, **adequam** são extremamente necessárias, e aposto que a pressão do uso vai dar-lhes, logo, logo, o direito à cidadania gramatical.

eu compito

> Cresci ouvindo dizer que não se devia dizer **eu compito**; os "sabidos" ridicularizavam esta forma com um miserável trocadilho: "Eu **com pito** e tu **sem pito**". Quanta asneira, meu Deus!

*Caro Professor, tenho dúvida quanto à conjugação daqueles verbos considerados anômalos. Apostei com um amigo meu que existe sim a conjugação do verbo **competir** na 1ª do singular (eu **compito**). Já busquei a resposta em várias gramáticas, mas até agora não consegui nada. O senhor poderia me ajudar nesta questão?*

Antonio M. S. – Cuiabá (MT)

Prezado Antônio: em primeiro lugar, você deve estar falando em verbos **defectivos** – aqueles que normalmente não são usados em todas as suas formas. **Anômalos** são apenas dois – **ser** e **ir** –, que foram compostos pelos radicais de três verbos diferentes (compara **sou**, **és** e **fui**, por exemplo).

Quem decide se um verbo é normal, com a conjugação completa, ou **defectivo?** É aqui, Antônio, com o perdão da expressão grosseira, que a porca torce o rabo: o critério é a sensibilidade do gramático que elabora a lista. Uns acham que **emerjo** é horrível e põem **emergir** na sua lista; outros aceitam essa forma. A maioria dos gramáticos diz que **adequar** só deveria ser conjugado, no presente, nas formas arrizotônicas (**adequamos** e **adequais**); no entanto, a forte pressão do uso está tornando comum eu **adequo**, tu **adequas** (com o **U** tônico). Ora, todos percebemos que esse critério estético é absolutamente subjetivo; se fosse por feiura, eu votaria na inexistência de **cri** (de **crer**), **freges** (de **frigir**), de **remedeio** (**remediar**), entre outros. Além disso, o que alguns acham inaceitável para **colorir** (eu **coloro**, por exemplo, é condenado), aceitam para **colorar** (verbo, aliás, que eu nunca tive a oportunidade de usar). Compare a lista de dois gramáticos quaisquer e verá grandes divergências entre elas.

Quanto ao seu **competir**, com certeza é conjugado em todas as suas formas, exatamente como **repetir**: **repito, repetes, repete; compito, competes, compete** (segundo o dicionário *Houaiss* e a *Moderna Gramática* de Evanildo Bechara, nosso melhor gramático vivo). Quando eu era criança, ouvia muito aqueles "ensinamentos" totalmente furados, vindos de professores sem qualquer formação linguística, que viviam dando palpites sobre nossa língua; alguns ridicularizavam **compito** com um trocadilho infame, "eu **com pito** e tu **sem pito**" – e você pode ver que a pouca ciência deles estava aliada a um humor de terceira... Fique em paz, Antônio: você ganhou a aposta.

presente histórico

> Para narrar coisas passadas, que já aconteceram, estamos limitados a usar o **pretérito do indicativo**, ou podemos fazer isso também com o **presente** dos verbos?

> *Prezado Professor: na minha tese, na seção em que faço a revisão de literatura especializada, utilizo sempre o **presente do indicativo**, independentemente da época da publicação. Ex.: "Borges (1988) estuda os implantes ósseo-integrados e verifica que os mesmos são uma alternativa viável...". Fui informado que isto se chama **presente histórico** e é utilizado em trabalhos acadêmicos. Há outras justificativas?*
>
> André – Dentista

Meu caro André: o tempo que você empregou está mais do adequado. Alguns diriam que esse é o famoso **presente histórico**, ou **presente narrativo**, que pode ser usado no lugar do pretérito ("Em 58 a.C. César **invade** a Gália e **inicia** uma das mais famosas campanhas da história militar"). Pode ser; é defensável, e você pode ficar tranquilo quanto a qualquer investida da banca contra este emprego. Acho que aqui, no entanto, poder-se-ia traçar uma sutil diferença. Podemos entender que, no caso, você não está dizendo que, em 1988, alguém chamado **Borges** estudou o problema: está falando do texto, e não propriamente de seu autor.

Em outras palavras: quando você diz "Borges (1988) estuda", não está se referindo ao fático, ao pesquisador e à sua ação de estudar (que pode, inclusive, ter ocorrido em 1987), mas sim ao **texto** identificado na bibliografia médica como "**Borges (1988)**" – e este estuda, e vai continuar assim, para todo o sempre. Note que essa personificação de um determinado trabalho acadêmico é o que justifica a concordância com o masculino, mesmo quando se trata de uma autora: "Neste particular, Mary Kato (1983) é muito mais **completo** e **exemplificativo**". *Mutatis mutandis*, é a concordância que fazemos com os títulos das obras: "Falando de Machado, o crítico dizia que *Helena* era **romântico**, enquanto *Iaiá Garcia* era **melancólico**". De qualquer forma, você está amparado para o que der e vier.

quer que eu vou?

Nem todo o mundo usa o subjuntivo quando deveria.

*Prezado Professor: tenho escutado muitas vezes perguntas feitas deste modo: "Você quer **que eu vou**?" ou "Você quer **que eu faço**?". Eu sempre disse: "Você quer **que eu vá**?", "Você quer **que eu faça**?", mas são tantas as pessoas que falam do outro modo que já começo a achar que a errada sou eu.*

Regina B. – Cuiabá (MT)

Minha cara Regina: o uso do subjuntivo nessas construções de oração subordinada é obrigatório. Está corretíssima a maneira como você fala ("você quer **que eu vá**?"). Não sei de onde saíram esses, aí em Cuiabá, que deixam de usá-lo, mas aqui no Sul eu já percebi que o pessoal que fala outra língua em casa (alemão, polonês, etc.) comete o mesmo equívoco: "*Se vocês querem **que eu ajudo**, eu ajudo"; "*Ele não se importa **que eu vendo** meu carro"; "*É melhor **que vocês ficam** calados". Esses exemplos parecem-me soar tão mal que só posso atribuí-los a ouvidos estrangeiros, acostumados às sequências temporais próprias de seus idiomas de origem.

P.S.: É interessante acrescentar que não é só aqui que existe essa dificuldade em empregar o subjuntivo. O grande humorista francês da *Belle Époque*, Allan Allais, intitulava-se um dos fundadores da **Liga para a Propagação do Subjuntivo entre as Classes Trabalhadoras...** Puro veneno!

suicidar-se

Se **suicídio** já quer dizer matar a si mesmo, não é uma redundância dizer que ele se suicidou?

Dois leitores me escrevem sobre o verbo ***suicidar-se***. *Paulo, de Salvador, pergunta: "Sabemos que* ***suicídio*** *é o ato de matar-se;* ***suicidar-se*** *é acabar com a própria vida. Para se evitar uma redundância, qual das expressões deveríamos usar: 'o homem* ***se suicidou****', 'o homem* ***suicidou-se****' ou 'o homem* ***cometeu suicídio****'? Todas estariam corretas"? Já Hilda, de Brasília, quer saber: "Por que eu preciso dizer* ***suicidar-me****, se eu não posso* ***suicidar-te****?".*

Em primeiro lugar, Paulo, todas estão corretas. "O homem **suicidou-se**" e o "homem **se suicidou**" diferem apenas na preferência por usar o pronome antes ou depois do verbo, mas, no fundo, tanto faz dar na cabeça como na cabeça dar. "Ele **cometeu suicídio**" também é bom Português. Note que o elemento ***sui-***, que em Latim quer dizer "a si mesmo", não mais é reconhecido como tal, o que permite que se diga **eu me suicido**, **nós nos**

suicidamos; é por isso que **ele se suicidou** não apresenta redundância alguma. O ato de tirar a própria vida, no entanto, é tão chocante que o povo cerca este verbo, às vezes, com tudo o que consegue enfiar na frase, a fim de frisar que a pessoa não foi morta, mas se matou. Não se surpreenda se ouvir, alguma vez, no calor do relato, um exagero do tipo "Ele se suicidou-se a si mesmo" – isso se aquele que conta o fato ainda não acrescentar: "Tirando a vida com as próprias mãos". É pleonasmo? É redundância? No uso consciente, caprichado do Português, claro que é. Na força da expressão, contudo, eu garanto que essa repetição deve ter lá as suas razões.

Agora, quanto à sua pergunta, Hilda: no Português, temos um grupo de verbos que sempre são conjugados com o pronome ligado a eles; são, por esse motivo, denominados de **verbos pronominais**. Este pronome é quase vazio semanticamente (não tem o seu significado usual), mas aparece em todas as pessoas. Um bom exemplo é **orgulhar-se** (eu me orgulho, tu te orgulhas, ele/você se orgulha, nós nos orgulhamos, vós vos orgulhais, eles/vocês se orgulham). Você jamais aceitaria **eu orgulho**, até mesmo porque este verbo nunca será transitivo (eu não posso orgulhar alguém; só posso me orgulhar **de** alguém). É exatamente o caso do **suicidar-se**.

vimos ou viemos?

Se o presente do verbo **vir** é eu **venho**, tu **vens**, ele **vem**, nós **vimos**, como é que se explica que a famosa frase do baixinho da cerveja – "Nós **viemos** aqui para beber ou para conversar?" – esteja correta?

*Eu tenho uma dúvida: qual é a forma correta? "Nós **viemos** aqui para beber ou para conversar?" ou "Nós **vimos** aqui para beber ou para conversar?". Por gentileza, explique os motivos fundamentados da resposta.*

Cristina – Santos (SP)

Minha cara Cristina: ambas podem estar corretas. Depende do tempo verbal que resolvermos usar. Para ficar mais claro, vou traçar uma analogia com a 1ª pessoa do singular (EU): (1) "Nós **viemos** aqui para beber ou para conversar?" corresponde a "Eu **vim** aqui para beber ou para conversar?"; (2) "Nós **vimos** aqui para beber ou para conversar?" corresponde a "Eu **venho** aqui para beber ou para conversar?".

É evidente que estamos (em ambos os casos) diante de uma pergunta que não está perguntando; isto é, a pessoa que profere qualquer uma dessas frases não está indagando o que ela **veio** (ou **vem**, se for habitual) fazer ali, mas sim lembrar ao interlocutor que ele está ali para beber. É uma pergunta retórica: ela, na verdade, usa a interrogação para afirmar, com ênfase, alguma coisa. Se alguém me perguntar "Você veio aqui para dançar ou para ficar sentado?", é claro que vou entender que ela não quer uma resposta minha; na verdade, está afirmando que eu estou ali para dançar, não para ficar sentado. Não é assim?

Na forma (1), estamos usando o **pretérito perfeito** de **vir** (vim, vieste, veio, **viemos**, viestes, vieram); na forma (2), o **presente do indicativo** (venho, vens, vem, **vimos**, vindes, vêm). Geralmente usamos o presente quando se trata de um fato habitual, costumeiro (compare, por exemplo, "visitei sua página" com "visito sua página"; "vim a este bar no verão" com "venho a este bar no verão"). Espero ter solucionado sua dúvida.

Dê ou leia

> O Professor alerta para a dificuldade de usar corretamente o **tu** e mostra uma escorregadela no CD de Mílton Nascimento e Gilberto Gil.

*Professor, responda-me, por favor, qual a forma correta: **ouve** o que eu falo ou **ouça** o que eu falo; **olhe** esta flor ou **olha** esta flor; **cheire** este perfume ou **cheira** este perfume? Abraço.*

Lucília L. – São Paulo (SP)

Minha cara Lucília: todo brasileiro tem o direito de escolher entre **tu** ou **você** para tratar seu interlocutor. Geralmente, a turma aqui do Sul prefere **tu**, enquanto o pessoal de Santa Catarina para cima prefere **você**. De qualquer forma, a escolha é livre. Acontece que, feita a escolha, as consequências gramaticais (verbos, pronomes, etc.) devem estar de acordo com a opção, já que

tu é um pronome de 2ª pessoa, enquanto **você** é de 3ª. Por isso, eu, que sempre uso **tu**, vou dizer: "**lê** isto aqui, **ouve** bem o que te digo, **fica** quieta, **presta** atenção". Alguém que use **você** vai dizer: "**leia** isto aqui, **ouça** bem, **fique** quieta, **preste** atenção".

Um aviso, no entanto, minha cara leitora: o uso do **tu** é para quem está acostumado. Essa forma, que está progressivamente sendo abandonada pelo Português do Brasil, pode tornar-se uma armadilha fatal para recém-chegados. Quem ouvir o CD do Milton Nascimento e do Gilberto Gil vai entender o que digo. Na faixa *Dinamarca*, os dois (que usam **você** desde pequeninos) resolveram dirigir-se a um homem do mar tratando-o por **tu** – e não deu outra: escorregaram duas vezes na flexão verbal. A primeira, no imperativo: "Capitão do mar... **lembres** que o mar também tem coração" – deveriam ter usado ou **lembra** (tu), ou **lembre** (você). A segunda, no pretérito perfeito: "Depois do dia em que tu **partistes**". Aqui houve uma confusão entre **tu** e **vós**; a segunda pessoa do singular é **partiste**. Para um especialista, esses são claros sinais de que **tu** está desaparecendo como pessoa gramatical, sendo preservado apenas como uma forma de tratamento. É uma questão de tempo, apenas.

Chico também escorrega no imperativo

> Um leitor de Fortaleza, fã de Chico Buarque, sente-se no dever de apontar um deslize de seu ídolo no emprego do imperativo.

> *Prezado Professor: minha dúvida se encontra na letra de uma música de Chico Buarque, compositor pelo qual tenho uma grande admiração. A referida música intitula-se* **Fado Tropical***. Sua primeira estrofe nos diz:*
>
>> *Ó, musa do meu fado*
>> *Ó, minha mãe gentil,*
>> *Te deixo, consternado,*
>> *No primeiro abril.*
>> *Mas não sê tão ingrata,*
>> *Não esquece quem te amou*
>> *E em tua densa mata*
>> *Se perdeu e se encontrou.*
>
> *Não deveria o ilustre compositor ter utilizado o imperativo negativo na forma "não **sejas** tão ingrata"? Ou será que a língua escrita em Portugal, notoriamente presente na letra da música, permite aquela outra construção? Agradeço sua atenção.*
>
> João Marcelo S. – Fortaleza (CE)

Meu caro João Marcelo: o Chico – quem diria! – também tropeçou no imperativo, como seus colegas Gil e Mílton Nascimento, como vimos no artigo anterior. Na verdade, errou duas vezes: deveria ter escrito "não **sejas**" (como você bem percebeu) e "não **esqueças**". Para sua informação, o imperativo em Portugal é igualzinho ao nosso, e os dois versos do Chico estão errados deste e daquele lado do Atlântico. Agora, esse equívoco, vindo de quem vem, o melhor letrista de nosso cancioneiro popular, serve para confirmar duas teses com que concordo: (1) o imperativo na 2ª pessoa está morto para a maioria dos falantes; (2) não é qualquer um que pode arriscar o emprego do **tu** e sair sem arranhões. Veja só: nesse redemoinho, caíram três dos nossos maiores compositores da MPB! O que sobra, então, para os falantes comuns?

vem pra Caixa você também

Veja como, às vezes, a forma culta não é a maneira mais adequada de passar uma mensagem ao leitor.

*Professor, há cerca de dez anos foram lançadas duas propagandas em veiculação nacional, mas que parecem estar com problemas de concordância. A primeira é "**Vem** pra Caixa **você** também"; a segunda, "Se **você** não se cuidar, a AIDS vai **te** pegar". A primeira, propaganda da Caixa Federal, não teria de ser "**Venha** pra caixa **você** também"? A segunda, lema da campanha contra a AIDS, não teria de ser "Se **você** não se cuidar, a AIDS vai **lhe** pegar"?*

Norma C. A. – Rio Preto (MG)

Minha cara Norma: sua pergunta mexe em dois abelheiros – o uso do imperativo e o emprego dos pronomes pessoais –, dois pontos em que o uso vem deixando para trás aqueles padrões que a Gramática Tradicional teima em defender. Já tive oportunidade de comentar o problema do imperativo em **lê** ou **leia**; há muito tempo o modelo que os manuais recomendam deixou de ser usado na fala, ficando restrito à língua escrita culta formal. Além disso, nas duas frases aparece a tendência atual de mesclar formas da 2ª e da 3ª pessoas gramaticais para a pessoa a quem nos dirigimos.

Você já deve ter percebido que a linguagem da publicidade – mesmo quando se trata de mensagens escritas – procura ficar o mais próximo possível da língua falada. No caso da Caixa, os redatores perceberam que as duas opções formais da língua culta não atendiam suas necessidades: "Venha pra Caixa você também" mandaria a rima às urtigas, e "Vem pra Caixa tu também" só seria bem aceita no Rio Grande do Sul. Por isso, além de usarem o "**pra**", informal, optaram por aquela mistura do **tu** e do **você**, atualíssima: "**Vem** (tu) pra Caixa **você** também. **Vem**!".

Os criadores da campanha contra a AIDS esbarraram no mesmo rochedo: as duas formas corretas não são aceitáveis numa campanha que precisa, pela própria natureza, alcançar todos os estratos da população. "Se **você** não se cuidar, a AIDS vai pegá-**lo**" ficaria horrível, porque perderia a rima, o paralelismo e – pior ainda! – usaria o pronome oblíquo **O**, que a maioria dos falantes já não sabe usar. "Se tu não te **cuidares**, a AIDS vai **te** pegar" perderia a rima e teria um áspero sotaque gaúcho. A frase que produziram segue a tendência, consagrada no Português atual, para o tratamento da 2ª pessoa do discurso (lembra? aquela com quem se fala...): usamos o verbo na 3ª do singular e o pronome oblíquo da 2ª ("te"): "Se **você** não se **cuidar**, a AIDS vai **te** pegar".

As duas frases são aceitáveis no Português culto formal escrito? É claro que não; a flexão incorreta do imperativo e a mistura de tratamento devem ser evitadas por todos os que tentam escrever com rigor. Deveriam ter sido, então, corrigidas? É claro que não. Para o fim que pretendiam, estão na forma mais adequada possível. Acredite, Norma: isso é saber escrever.

irregular defectivo

Um verbo pode ser **regular** e **defectivo** ao mesmo tempo? É claro que sim; o Professor explica como.

*Caro Professor, tenho dúvida sobre os verbos defectivos, pois um amigo meu, estudante igual a mim, disse que o verbo **polir** é **irregular**, e eu disse que achava que era **defectivo**, por não possuir a 1ª pessoa do singular. Apostei com ele que este verbo é **defectivo**. O senhor poderia me ajudar?*

Vilma S. L. – São Paulo (SP)

Minha cara Vilma: não é bem assim. Para começar, os verbos dividem-se, quanto à sua conjugação, em **regulares** (a maioria) – os que não mudam o radical em toda a sua conjugação – e **irregulares** (os que sofrem alterações no radical). Há outra divisão, que nada tem a ver com essa, em verbos **completos** e verbos **defectivos**. Estes seriam aqueles que não podem ser conjugados em todas as formas, por motivos (absolutamente discutíveis) de eufonia. Portanto, admitindo-se que haja verbos defectivos (repito: não se conjugam em todas as suas formas; têm lacunas no quadro da conjugação), eles ainda podem ser **regulares** ou **irregulares**.

Posso exemplificar com os verbos **precaver** e **reaver**. O primeiro é **defectivo** e **regular** (não possui todas as formas, mas, nas que existem, conjuga-se como o modelo da 2ª conjugação); o segundo é **defectivo** e **irregular** (nas formas que existem, segue o verbo **haver**, completamete irregular). Aqui você percebe que uma coisa não exclui a outra. Agora, especificamente quanto ao verbo **polir**, (1) ele é um verbo **completo** (não é defectivo), (2) mas **irregular**; conjuga-se, no presente, **pulo**, **pules**, **pule**, **polimos**, **polis**, **pulem**. Consegui ser claro? Desta vez, é o amigo que está com a razão.

por que o O vira LO?

Uma leitora de Paris quer saber por que o pronome **O** às vezes vira **LO**; vamos acompanhá-la numa interessante visita pelos bastidores de nossa língua.

*Caro Professor Moreno: escrevo-lhe para que o senhor me esclareça uma questão em que eu jamais teria pensado, se não fosse uma estrangeira me ter perguntado. Nas frases, "Eu gostaria de vê-**lo**", "Deixem-**no** em paz", eu não sei explicar por que se usa o **N** e o **L** para ligar o verbo com o pronome. Obrigada.*

Aida S. – Paris (França)

Minha cara Aida: nada como o olhar de estrangeiros para nos fazer estranhar o que sempre nos pareceu óbvio! Essas consoantes adicionais a que você se refere aparecem para permitir a harmonização da forma verbal com o pronome a ela ligado. Explico: dentre os pronomes átonos do Português, o pronome **O** (e suas flexões **A**, **OS** e **AS**), por ser vocálico, precisa sofrer pequenas alterações fonológicas para que possamos ligá-lo com naturalidade à forma verbal; em outras palavras, o conjunto [**verbo + pronome**] deve ser bem ajustado para que não se torne um estorvo para a nossa pronúncia.

Tenho certeza de que você (e a maioria dos meus leitores) ficaria espantada com a quantidade de teses que já foram escritas sobre o tema dos **clíticos** (assim são chamadas essas pequenas partículas átonas, como os artigos e os pronomes oblíquos átonos, que vivem na periferia dos vocábulos tônicos); posso assegurar que no ar mais rarefeito do Everest acadêmico as pesquisas continuam – e devem continuar. Minha missão, contudo, é traduzir, na linguagem usual da planície em que todos vivemos, um pouco do que já se descobriu, a fim de ajudar falantes interessados como você a perceber que existe um padrão coerente por trás de todos os fatos de nossa língua. No fundo, não há acasos, nem exceções; o que às vezes parece um simples capricho termina se revelando uma necessidade interna do organismo do Português.

É fácil visualizar o que acontece no caso dos pronomes: uma forma verbal qualquer é formada por uma sequência de sons (que chamamos de **fonemas**). O pronome, por sua vez, também é um fonema (ou dois, quando está no plural). Quando o último fonema do verbo se encontra com o fonema do pronome, acontece o mesmo que no encontro entre duas pessoas: ou há empatia entre os dois e as coisas vão bem, ou alguma coisa desagradável termina transformando o encontro num verdadeiro choque. Em termos objetivos, todas as formas verbais do Português podem ser classificadas em três grupos distintos quanto à sua terminação: (1) as terminadas em **vogais** (**vendi**, **comprou**, **devolva**, **procuro**); (2) as terminadas em **nasal** (**fazem**, **vão**, **estudam**, **põe**); e (3) as terminadas em **R**, **S** ou **Z** (essas duas letras representam o mesmo fonema, /s/). O pronome **O**, imitando o genial personagem **Zelig**, do Woody Allen, vai alterar sua forma para **NO** ou **LO** de acordo com a circunstância, conseguindo assim adaptar-se perfeitamente ao "ambiente" fonológico:

Hipótese 1 – A forma verbal termina em VOGAL – Como o pronome também é uma vogal, não há necessidade de adaptação alguma, uma vez que o Português lida muito bem com encontros vocálicos: **vendo-o**, **devolvo-as**, **encontrei-os**, **perdeu-a**.

Hipótese 2 – A forma verbal termina em NASAL – Agora o pronome vai aparecer na sua forma nasalizada, permitindo uma conexão suave com o verbo: **fazem-na**, **dão-nas**, **estudaram-no**. Quem quiser fazer um teste doméstico, experimente pronunciar esses exemplos aí de cima usando o pronome **sem** a nasal – *fazem-a, *estudaram-o – e vai ver o que é bom!

Hipótese 3 – A forma verbal termina em R, S ou Z – Este é o caso mais drástico: o fonema final do verbo terminaria formando sílaba com a vogal do pronome, criando pérolas do tipo *estudar-o (/estudaro/) ou *fiz-o (/fizo/). Por isso, uma regra interna suprime aquela consoante final e o pronome aparece encabeçado pela consoante L: **comprá-lo, fi-lo, encontramo-lo**. Não se esqueça de reexaminar a forma verbal quanto às regras de acentuação, já que seu perfil vai ser alterado quando a consoante for suprimida; escrevi sobre isso em **acento em verbo com pronome**, no primeiro volume deste *Guia*.

Quando eu prestei meu exame vestibular para o curso de Letras, uma das questões era (ô, tempinho difícil aquele!) "conjugue o verbo **pôr**, no presente do indicativo, com o pronome **O** enclítico". Hoje eu sei a resposta:

eu ponho	[+ O]	=	PONHO-O
tu pões	[-S + LO]	=	PÕE-LO
ele põe	[+ NO]	=	PÕE-NO
nós pomos	[-S + LO]	=	POMO-LO
vós pondes	[-S + LO]	=	PONDE-LO
eles põem	[+ NO]	=	PÕEM-NO

Deu para enxergar a sutil diferença entre o **põe-lo** (2ª pessoa) e o **põe-no** (3ª)? Outra coisa que você deve ter percebido é a esquisitice de algumas dessas formas. Na verdade, elas raramente são vistas em uso, porque preferimos, no Brasil, a **próclise** (o pronome antes do verbo) na maioria dos casos (a correta colocação do pronome em relação ao verbo é outro assunto; um dia vou escrever a respeito). Continuam vivas, mas lá no zoológico; de vez em quando levo as crianças para olhar um **fá-lo** (faz+o), um **di-lo** (diz+o), um **qué-lo** (quer+o). Elas acham muito divertido.

cumprimentamo-lo

Veja como se junta o pronome **O** à forma verbal **cumprimentamos**.

*Prezado Professor: nunca sei se devo escrever **cumprimentamos-o** ou **cumprimentamos-no**? Poderia tirar-me essa dúvida?*

Susana Soares

Minha cara Susana: prepare-se, que o resultado é um verdadeiro monstrengo: **cumprimentamo-lo**. As formas verbais terminadas em **R**, **S** ou **Z** perdem sua letra final antes do pronome **O**, que assume a forma **LO**: **comprar + o = comprá-lo**; **conduz + o = condu-lo**; **encontramos + o = encontramo-lo**. Por isso mesmo, recomendo que você avalie a conveniência de utilizar uma forma tão desagradável aos ouvidos normais. Talvez fosse melhor evitar o uso do pronome nessa posição e partir (1) ou para uma forma de tratamento (cumprimentamos **o senhor**, cumprimentamos **V. Sa.**), (2) ou para uma outra volta na frase, que evite esse encontro indesejável (temos o prazer de cumprimentá-lo, queremos cumprimentá-lo, aproveitamos para cumprimentá-lo, etc.). Escrever bem, Susana, não é escolher entre uma forma certa e uma errada, mas escolher, entre formas certas, as que soam melhor. Pense nisso.

presente indicando futuro

Podemos usar o **presente** para indicar algo que vai acontecer no **futuro**, assim como podemos usar o futuro para indicar algo presente.

*Meu caro Professor: o noticiário de rádio e televisão não emprega o tempo do verbo corretamente quando se refere a uma situação futura. Por exemplo: "**Acontece** amanhã o lançamento do novo livro de Lya Luft....". Isso é correto? Existe uma outra gramática que só os jornalistas de rádio e televisão conhecem?*

Edgar Barros

*Caro Professor, li sua resposta acerca do **presente histórico** e fiquei curioso. Posso me referir a um acontecimento **futuro** usando o verbo no **presente**? Por exemplo, "O Desembargador **toma** posse mês que vem"? Ou o certo mesmo seria **tomará**, sem exceção?*

David Azevedo

Meus caros Edgar e David: as dúvidas de vocês só poderão ser esclarecidas quando desfizermos a tradicional confusão entre o **nome do tempo verbal** e a **situação temporal** que ele indica (ou seja, se algo já aconteceu, acontece ou vai acontecer). Nada nos impede de usar um verbo conjugado no **presente do indicativo** para designar também uma ação situada no passado ou no futuro:

(1) Em 1845, quando termina a Revolução Farroupilha, Garibaldi **retira-se** para Montevidéu. (passado)

(2) Alguém **duvida** de mim? (presente – agora)

(3) Cão que **ladra** não **morde**. (presente constante, permanente)

(4) Amanhã a gente se **reúne** de novo. (futuro)

O **futuro do indicativo**, apesar do seu nome, hoje raramente é usado para expressar ações futuras. Estaria totalmente fora do Português moderno culto quem dissesse "Em 2002, juro que não **cometerei** os erros do ano passado"; a forma mais recomendável (e, portanto, a mais adequada para quem procura a "correção") é "Em 2002, juro que não **vou cometer** os erros do ano passado", ou mesmo, em segundo lugar, "Em 2002, juro que não **cometo** os erros do passado". O **futuro do indicativo** (tempo verbal) é mais usado, na verdade, com outras intenções semânticas que não o **tempo** futuro. Em frases como "Onde **andará** Maria?" e "Não **será** ele o culpado?", exprime dúvida ou possibilidade (jamais a ideia de "ação futura"); em frases como "Não **matarás**" (lembrem-se dos dez mandamentos), é um substituto do modo imperativo.

No entanto, Edgar, sua intuição é válida quando você se impacienta um pouco com o estilo dos jornalistas; é que a mídia impressa – principalmente nas manchetes – está elegendo o presente do indicativo como pau para toda obra, exatamente por essa polivalência que ele apresenta e por outras razões específicas, que agora estão sendo pesquisadas. Ou usam o presente para indicar passado ("Avião **cai** na Guatemala", "Maníaco **atira** contra multidão e se suicida"), ou para indicar futuro ("Chile **entra** no Mercosul até 2010", "Fulano só **sai** da cadeia depois do carnaval"), ou para nos deixar confusos mesmo, forçando-nos a ler a matéria toda: em frases como "Brasil **toma** medidas contra a tatuagem de menores" ou "**Muda** o vestibular das Federais", só o texto vai nos dizer se **tomou** ou **vai tomar**, se **mudou** ou **vai mudar**. Notem que não estou condenando essa opção dos jornais (a não ser nos casos ambíguos, que são imperdoáveis); é evidente que não se trata de uma escolha motivada por preguiça ou comodismo, mas sim ditada por características intrínsecas do discurso jornalístico, que agora estão sendo estudadas seriamente pela Linguística; registro apenas o que está acontecendo.

vou ir

O Professor explica como se forma o futuro no Português e por que a chamada **mesóclise** não passa de uma ilusão de óptica.

*Caro Professor: a minha dúvida é quanto ao uso da expressão **vou ir**, que é condenada por muitos gramáticos tradicionais. Gostaria de compreender melhor a razão para tal condenação. Há quem tenha tentado dar uma explicação dizendo que não se pode usar o mesmo verbo como auxiliar e principal. Contudo, sempre achei que a locução **tenho tido**, por exemplo, não ferisse as regras da gramática. Obrigada.*

Andrea L. – Rio de Janeiro (RJ)

*Prezado Professor Moreno, estamos com uma dúvida, eu e um amigo: afinal de contas, a expressão **vou ir** – muito utilizada no Rio Grande do Sul – está correta ou não? Eu penso que não; ele acha que sim. Podemos dizer **vou fazer**, **vou trabalhar**, etc., dando ideia de futuro, mas **vou ir**?*

Rodrigo

Minha cara Andrea, você tem toda a razão: há vários exemplos de locução verbal, em nossa língua, em que aparece o mesmo verbo, tanto na posição de auxiliar quanto na de principal; os mesmos fariseus que condenam **vou ir** aceitam **há de haver**, **vinha vindo**, **tinha tido**. É evidente que o verbo só tem o seu significado pleno, originário, quando está na casa da direita, na posição de **principal**; em "**há de haver** uma solução para este problema", o auxiliar (**há**) exprime a ideia de "desejo" (leia-se: eu gostaria que houvesse) ou de "obrigatoriedade" (leia-se: deve haver), enquanto o principal é que tem o sentido usual de "existir". Já falei sobre isso quando analisei a locução **vinha vindo**.

No caso de **vou ir**, Rodrigo, vem agregar-se um outro fato linguístico muito importante: a forma preferida de expressar o futuro, no Português moderno, é uma locução verbal com a estrutura [**ir** no pres. do indicativo + qualquer verbo no infinitivo]. Essa estrutura (**vou sair**, **vou poder**, **vou ficar**, **vou ser**) concorre com outras possibilidades, também usadas, mas em menor escala: (1) o próprio presente do indicativo ("Amanhã eu **posso**", "No ano que vem eu **saio**"); (2) o futuro do presente (**sairei**,

poderei, ficarei, serei); (3) a locução [**haver** + infinitivo]: **hei de sair, tu hás de entender**.

Estudos atualizados mostram que as hipóteses (2) e (3) são, no fundo, no fundo, a mesmíssima coisa. Como herança do Latim tardio, que substituiu a forma única do futuro por uma locução (***amare habeo***), nosso futuro, que parece ser uma forma una, na verdade é uma locução invertida, com o auxiliar **haver** à direita. Exemplifico: se pegarmos "eu **hei de comprar**, tu **hás de comprar**, ele **há de comprar**" e invertermos a ordem dos verbos (**comprar hei, comprar hás, comprar há**), uma pequena adaptação ortográfica, com a óbvia queda do **H**, vai nos dar **comprarEI, comprarÁS, comprarÁ**! Portanto, o que parece ser uma forma verbal simples é, na verdade, uma forma composta (**comprar+ei, comprar+ás**, etc.).

Não é por acaso que esse futuro não admite **ênclise**, segundo as gramáticas tradicionais (que não entenderam ovo do problema, como sempre), mas exigiria (segundo essas mesmas gramáticas...) uma coisa chamada de **mesóclise**, definida sinistramente como "o pronome no meio do verbo". Na verdade, só existem duas posições para o pronome – **próclise** ou **ênclise** –, mesmo para verbos no futuro: ou usamos o pronome **antes** do verbo, como em "Eu TE PAGARei", ou usamos o pronome **depois** do verbo, como em "PAGAR-TE-[ei]" (quando digo **antes** ou **depois**, estou falando em relação apenas ao verbo **pagar**). O **EI**, que alguns confundem com uma terminação verbal, é só o nosso velho amigo, o verbo **haver**, desfigurado pela ausência do **H**, e a chamada **mesóclise** é apenas a colocação do pronome **entre** o verbo principal e o verbo auxiliar.

O que está acontecendo no Português moderno, ao que parece, é uma **troca de auxiliar**: em vez de usar o auxiliar **haver**, como nas hipóteses (2) e (3) acima, estamos utilizando cada vez mais o auxiliar **ir**. Isto é: quando queremos expressar a ideia de futuro, ou empregamos o presente do indicativo (menos usado) ou empregamos a locução [**vou** + **infinitivo**]. Como todo e qualquer verbo pode, em tese, ocupar a casa da direita, vão formar-se locuções do tipo **vou vir**, **vou ir**. Erradas elas não são; podem soar ainda um pouco estranho para muitos ouvidos, mas muitos outros já se acostumaram a elas, inclusive escritores e compositores de renome. Só para adoçar toda essa explicação, dou um exemplo saudoso, de um escritor de respeito: Vinícius de Moraes, na música *Você e Eu*, feita em parceria com Carlos Lyra, usou muito simplesmente (e em dose dupla):

> Podem preparar
> Milhões de festas ao luar
> Que eu não **vou ir**
> Melhor nem pedir
> Que eu não **vou ir**, não quero ir.

vinha vindo

> Veja como construções do tipo **vinha vindo**, **tinha tido**, **ia indo** não têm nada de errado.

> *Caro Professor: lendo sua resposta sobre **pego e chego**, pude observar uma expressão que muitas vezes reluto em usar por julgá-la incorreta: **vinha vindo** não seria uma forma redundante de dizer que alguma coisa vinha? Eis a frase usada em sua resposta: "Claro que responderia que não, mal sabendo ele que o controvertido **pego vinha vindo** a galope...*
>
> Sônia – São Vicente (SP)

Minha prezada Sônia: o verbo **vir**, quando for usado como auxiliar em locuções, introduz um aspecto **continuativo**. Com certeza, você percebe que **eu fazia** ou **eu lia** não é a mesma coisa que **vinha** fazendo, **vinha** lendo. Por isso, nada contra o **vinha vindo**. O que a intrigou foi o uso do mesmo verbo duas vezes? Pois não se preocupe; eles não estão sendo usados com o mesmo valor. O **principal** (que é sempre o verbo da direita em qualquer locução) é que significa "aproximar-se"; o outro é apenas **auxiliar**. Compare com **ia indo**, **tinha tido**, **há de haver**: você também acha estranho?

Para tranquilizá-la (e para alegria e deleite de nossos leitores), acrescento três bons exemplos do emprego de **vinha vindo**. Um, maroto, é da ***Capoeira do Arnaldo***, do Paulo Vanzolini, um dos maiores letristas de nossa música popular:

> Quando eu vim da minha terra,
> vim fazendo tropelia;
> nos lugá onde eu passava,
> a estrada ficava vazia;

quem vinha vindo, vortava
quem ia indo, não ia;
o padre largava da missa,
a onça largava da cria...

Depois, Augusto dos Anjos, no seu famoso ***Poema Negro***:

E quando vi que aquilo **vinha vindo**
Eu fui caindo como um sol caindo
De declínio em declínio...

Para rematar, ninguém menos que o mestre Drummond, na ***Balada do Amor Através das Idades*** (quem não conhece?):

Virei soldado romano,
perseguidor de cristãos.
Na porta da catacumba
encontrei-te novamente.
Mas quando vi você nua
caída na areia do circo
e o leão que **vinha vindo**
dei um pulo desesperado
e o leão comeu nós dois.

explodo?

O verbo **explodir** é defectivo ou tem conjugação completa? O Professor ajuda um tradutor a sair deste dilema.

> *Prezado Professor: faço traduções de filmes, na área de legendação, e preciso traduzir a seguinte frase: "Find something for this kid to do before he blows up", ou seja "Ache algo para esse garoto fazer antes que ele **exploda**". Sei que o verbo **explodir** é defectivo. O **Aurélio** diz que essa conjugação não existe. O **Manual do Estadão** também a proíbe. Só que o dicionário **Houaiss** conjuga o verbo em todos os tempos e explica que, embora seja considerado defectivo, tem sido usado com conjugação completa, incluindo-se aí o **expludo**, da 1ª pessoa do singular. O que faço?*
>
> Arnaldo P. – Miami Beach – Flórida (EUA)

Meu caro Arnaldo: quem tem o **Houaiss** do seu lado, o que poderá temer? Como já tive a oportunidade de ressaltar várias vezes, os verbos defectivos sempre o são apenas temporariamente, isto é, até as formas consideradas "inexistentes" passarem a ser usadas pelas novas gerações de falantes, que teimam em continuar nascendo. Na ordem (temporal), primeiro veio o **Aurélio**, mas depois veio o **Houaiss**, sem dúvida o melhor dicionário jamais publicado sobre nosso idioma (incluindo os portugueses). Eu não hesitaria duas vezes: fique com **explodo**, **exploda** – e trate de desconfiar sistematicamente do manual do Estadão. Esses manuais são feitos por jornalistas de pouca ciência e muita opinião; são úteis para padronizar o jornal lá deles, mas quase nada valem no mundo aqui fora e não servem como fonte a ser citada em caso de polêmica.

Outra coisa: eu ainda não tive a oportunidade de empregar esse verbo e confesso que não sei se gostaria de conjugá-lo; talvez, se tivesse de traduzir a frase daquele filme, eu optasse por um rodeio do tipo "ache algo para esse garoto fazer antes que ele possa explodir", ou "se você não encontrar algo para esse garoto fazer, ele vai explodir", e coisas do gênero. No entanto, se eu decidisse usá-lo, minha preferência recairia em **explodo**, no presente do indicativo, com o consequente **exploda** do presente do subjuntivo. Embora Houaiss registre ambas as formas (**explodo** e **expludo**), uma passada pelo Google nos aponta 95 ocorrências de **expludo** e 230 de **expluda**, contra 1.210 de **explodo** e 8.690 de **exploda**. Note que não se trata de decidir entre o certo e o errado por meio de um plebiscito (que, para cada voto que desse para a peça *Édipo Rei*, de Sófocles, daria um milhão para qualquer novela de televisão); trata-se apenas de verificar, já que a forma existe, qual é a direção de tendência.

Curtas

comunicamos-lhes

Paulo P., de Porto Alegre pergunta qual é a forma correta? "**Entregamo-lhes** ou **entregamos-lhes**? **Conhecemo-nos** ou **conhecemos-nos**?".

Prezado Paulo: além dos pronomes **O**, **OS**, **A** e **AS** (cujo comportamento você deve conhecer), o único pronome que ocasiona alguma alteração no verbo a que se liga é o **NOS**, quando vier depois da forma correspondente à 1ª do plural: **encontramos** + **nos** =

215

encontramo-nos; **conhecemos + nos = conhecemo-nos** (com o **VOS** também acontece isso, mas ninguém vai usá-lo mesmo). O pronome **LHE(s)** é acrescido ao verbo sem que ocorra mudança alguma: **informamos-lhe, comunicamos-lhes**, e assim por diante.

tu foste, tu foi

Álvaro, de São Carlos (SP), envia um SOS, perguntando se o certo é "**tu foste** a pessoa que me levou à loucura" ou "**tu foi** a pessoa que me levou à loucura"? Ou seria **foste tu**? Ou quem sabe **foi tu**?

Meu caro Álvaro: você pretende escrever algum cartão inflamado para ela? Então é bom mesmo escrever certo: "**Tu foste** a pessoa que me levou à loucura". Se quiser inverter a ordem (tanto faz), fica "**Foste tu** a pessoa que me levou à loucura". ***Tu foi** ou ***foi tu** é erro brabo.

se eu vir você

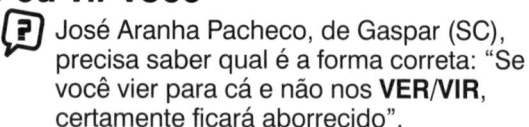

José Aranha Pacheco, de Gaspar (SC), precisa saber qual é a forma correta: "Se você vier para cá e não nos **VER/VIR**, certamente ficará aborrecido".

Meu caro José: vou trocar o verbo **ver** por **fazer** para facilitar a explicação: "Se você **vier** e não nos **FIZER** uma visita...". Como você pode perceber, nessa frase o verbo **fazer** está no futuro do subjuntivo. Se colocar, em seu lugar, o verbo **ver**, a conjugação correta é "se você **vier** e não nos **VIR**"... (que é o fut. subj. de **ver**: quando eu **vir**, quando tu **vires**, quando você **vir**).

trazido, trago

> Antônio Calvosa diz que aprendeu, nos seus áureos tempos de estudante, que o verbo **trazer** seria verbo **abundante**, com os particípios **trazido e trago;** desconfiado, quer saber: "Isso procede, ou estaria cometendo uma grande gafe?".

Meu caro Antônio: como você já desconfiava, está cometendo mesmo uma grande gafe. O verbo **trazer** jamais figurou nas listas dos verbos abundantes. A forma **trago**, do presente do indicativo, é às vezes confundida com um particípio irregular por sua semelhança com o **pago**, mas este verbo só tem a forma **trazido**. Dê uma olhada no que escrevi sobre **pego** e **chego**: lá você vai encontrar mais sobre o assunto.

possuir e concluir

> Liz F. escreve de Nova Iorque porque tem dúvida quanto à conjugação da 3ª do singular do presente dos verbos **concluir**, **existir** e **possuir**: é **conclui** ou **conclue**? **Possui** ou **possue**? **Existe** ou **existi**?

Minha cara Liz: todos os verbos em **-UIR** (**possuir**, **concluir**, **retribuir**, etc.) mantêm o **I** em sua conjugação: ele **influi**, **possui**, **conclui**. A sequência -**UE** só vai aparecer no subjuntivo dos verbos terminados em -**UAR**: continuar, **continue**; habituar, **habitue**; e assim por diante. Quanto a **existir**, é **existe**. Liz, se você se interessa pelo Português, recomendo que compre o *Aurélio* ou o *Houaiss* em CD-ROM e o deixe residente no seu PC. Além de ser um excelente dicionário, ele dá a conjugação completa de qualquer verbo em que clicarmos com o mouse.

se eu vir

A pequena leitora Lívia C., de 11 anos, escreve de São José do Rio Preto perguntando se o correto é "se eu o **ver**" ou "se eu o **vir**", "quando eu o **ver**" ou "quando eu o **vir**".

Minha cara Lívia: o futuro do subjuntivo de um verbo sempre usa o mesmo radical do imperfeito do subjuntivo: se eu **fosse**, quando eu **for**; se eu **trouxesse**, quando eu **trouxer**; se eu **pusesse**, quando eu **puser**; se eu **visse**, quando eu **vir**. "Você já viu o filme?". "Não, mas quando eu **vir**...".

intermediar

Renata diz que está encontrando problemas com a conjugação do verbo **intermediar**, que ela acha estranha.

Minha cara Renata: segundo a gramática tradicional, **intermediar** é conjugado da mesma forma que **odiar**: **odeio, odeias, odeia; intermedeio, intermedeias, intermedeia**. É horrível demais! Os autores mais modernos – entre eles, Houaiss – já registram a tendência de conjugá-lo como **assobiar**, ficando **intermedio, intermedias, intermedia**, seguindo o padrão regular dos verbos terminados em **-iar**. Acho que esta última vai suplantar a primeira.

deparar é pronominal?

> Karina G., do Rio de Janeiro, estranhou, em artigo que escrevi, a frase: "...e **me deparo** com um verdadeiro..."; ela quer saber se é correta essa regência, pois aprendeu que é errado o emprego do pronome **me** quando este verbo é usado no sentido de **afrontar**.

Minha prezada Karina: não, não é errado; na verdade, é a regência atual desse verbo. Já se encontra isso em Machado; veja a Clarice Lispector, em exemplo do verbete "deparar", do *Aurélio*: "E **deparou-se** com um jovem forte, alto, de grande beleza" (Clarice Lispector, *A Via-Crúcis do Corpo*, p. 95.). A regência originária desse verbo (deparar alguma coisa a alguém) já não é mais usada; as duas vigentes são **deparar com** ou **deparar-se com** alguma coisa – sempre transitivo indireto, seja pronominal, seja simples.

ungir

> Levi S., de Vitória da Conquista (BA), quer saber como se conjuga o verbo **ungir** no presente do indicativo.

Meu caro Levi: este verbo é considerado **defectivo** no presente do indicativo – isto é, não é conjugado em todas as formas, como seria **fugir**, que é um verbo normal. **Ungir** tem todas as pessoas, **exceto** a 1ª do singular: eu (...), tu **unges**, ele **unge**, nós **ungimos**, vós **ungis**, eles **ungem**. Como diziam os antigos, ele terá todas as formas que apresentarem **E** ou **I** depois do **G**.

falir no presente

> Natália R., de São Paulo, que saber como se conjuga o verbo **falir** no presente do indicativo.

Minha cara Natália: o verbo **falir**, no presente do indicativo, é considerado **defectivo**, isto é, tem várias lacunas na sua conjugação. Neste tempo, ele só apresenta as duas formas **arrizotônicas** (as que têm a tônica fora do radical): **nós falimos** e **vós falis**. **Eu**, **tu**, **ele** e **eles** simplesmente **não existem**.

conjugação de rir

> A leitora Lilian, de Içara (SC), não sente firmeza ao conjugar **rir** na 1ª pessoa do singular, pois, cada vez que diz **rio**, ouve piadas do tipo "tu **rio** e eu **lagoa**", ou "tu **rio** e eu **praia**"

Minha cara Lilian: eu **rio**, tu **ris**, ele **ri**, do mesmo modo que eu **sorrio**, tu **sorris**, ele **sorri**. Parece com o rio que corre para o mar? Bom, tanta coisa parece com tanta coisa... Leia o que eu escrevi a respeito do **compito** e não faça caso dessas piadinhas ditadas pela ignorância.

eleito e elegido

> A leitora Ives Machado pergunta qual seria a forma adequada: "Ele foi **eleito**" ou "Ele foi **elegido**"?

Minha cara Ives: em princípio, usamos o particípio irregular (o mais curto) com o verbo **ser**; portanto, "ele **foi** eleito". A forma regular (em **-ado** e **-ido**) é usada com os auxiliares **ter** ou **haver**: "O PT só tinha **elegido** doze representantes". Há, contudo, algumas peculiaridades, como você pode ler em **particípios abundantes**.

o presente como futuro

> Maris gostaria de saber se pode considerar correta a frase "Um dia ainda **vou** ao cinema com você".

Sim, minha cara Maris, a frase está correta. Agora, não percebo muito bem qual o motivo para a dúvida. Seria o emprego do presente (**vou**) com valor de futuro? Essa é a forma atual utilizada pelo nosso idioma: "No ano que vem, **consigo** um emprego e **junto** dinheiro para viajar"; "Não **vou** à festa no sábado"; e assim por diante. Era isso?

perda e **perca**

> Robson P., de São Caetano do Sul (SP), pergunta como deve escrever: (1) Não **perda** tempo ou (2) Não **perca** tempo.

Meu caro Robson: o presente do subjuntivo de todos os verbos do Português é formado a partir da 1ª pessoa do singular (eu) do presente do indicativo. Eu **caibo** = que eu **caiba**; eu **peço** = que eu **peça**; logo, eu **perco** = que eu **perca**, que tu **percas**, que você **perca**, etc. Você não deve confundir este caso com o substantivo **perda**: "Não **perca** tempo com isso; sua **perda** vai ser indenizada".

mais-que-perfeito

Apesar de estar estudando frequentemente, Manoel A., de Cuiabá (MT), diz que ainda tem dificuldade em usar as formas **foi** e **fora** (m.-q.-perfeito de **ser**). "Quando me refiro, por exemplo, a uma pessoa querida e que não vive mais, uso 'ele **fora** um homem de bem' ou 'ele **foi** um homem de bem'"?

Meu caro Manoel: **fora** é o mais-que-perfeito **simples**; se você quer ter uma ideia de como ele pode ser usado, experimente colocá-lo nas mesmas frases em que se pode empregar **tinha sido** (mais-que-perfeito **composto**). "O rei **tinha sido** avisado na véspera do ataque" é igual a "O rei **fora** avisado na véspera do ataque". Isso é o básico; há outras sutilezas, mas você vai apanhá-las mais tarde. Na frase que você enviou, só pode ser usado **foi**.

premia ou premeia?

Marcelo F., de Londrina (PR), estranha ter visto a conjugação do verbo **premiar** na 3ª pessoa do singular como **premia** – e não **premeia**. O que tenho eu a dizer?

Meu caro Marcelo: digo apenas que você tem visto a forma correta. **Premiar** é conjugado como **negociar** (**premio, premias, premia, premiamos, premiais, premiam**), e não como **odiar**.

interveio

Ricardo Thompson gostaria de saber como deve usar o verbo **intervir**: "Eles **interviram** em assuntos" ou "Eles **intervieram** em assuntos"?

Meu caro Ricardo: o verbo é **interVIR** (é o verbo **vir** com o prefixo **inter-** na frente). Portanto, se temos eu **vim**, tu **vieste**, ele **veio**, nós **viemos**, vós **viestes**, eles **vieram**, vamos ter **intervim, intervieste, interveio, interviemos, interviestes, intervieram**.

mais-que-perfeito simples e composto

> Fabrício T., de Sorocaba (SP), gostaria de saber a diferença entre dizer "Ele **havia encontrado** a mulher no local" e "Ele **encontrara** a mulher no local", e aproveita para declarar que, na sua opinião, a segunda opção é mais bonita.

Meu caro Fabrício: ambos estão no **mais-que-perfeito** do indicativo; um é a forma **composta**, o outro é a forma **simples**; ambas estão corretas. Eu concordo com você: a forma simples, que pouco se usa no Português falado, é um dos tempos mais bonitos no Português escrito. Acho-o extremamente elegante e refinado e uso-o sempre que tenho a oportunidade. "Quando o Rei se apercebeu, seu conselheiro já **fizera** todo o mal que podia" – isso é Português de lei, dos bons!

imperativo do verbo **ser**

> Micheli Bock pretende tatuar uma frase no corpo e quer saber se está corretamente escrito o seguinte provérbio: "**Sê** como o sândalo, que perfuma o machado que o fere".

Prezada Micheli: a frase está certa; embora pareça um tanto estranho, **sê** é o imperativo afirmativo de

ser, na 2ª pessoa do singular. Agora, não tatue uma frase tão extensa assim no seu corpo; quando você quiser removê-la (e um dia isso vai acontecer, acredite), vai dar muito trabalho e custar muito caro. Escolha uma coisinha menor. Além disso, você vai ter de viver explicando o que é esse **sê**, que a maioria das pessoas não reconhece.

o imperativo no **pai-nosso**

César, de Curitiba (PR), escreve: "Desde que eu era coroinha e o padre nos mandava rezar o pai-nosso, aprendi a frase "Não nos **deixeis** cair em tentação". Agora estou em dúvida: não deveria ser **deixai**?".

Meu caro César: e eu, que ainda aprendi como **padre-nosso**... O texto que você traz na memória está correto: "Não nos **deixeis**" é o imperativo **negativo** do **vós**; "**livrai**-nos", que aparece na mesma oração, é o **afirmativo**. Não tem lógica nenhuma, mas, nas segundas pessoas (tu e vós), o imperativo negativo é sempre **diferente** do afirmativo (**compra**, não **compres**; **escreve**, não **escrevas**; **comprai**, não **compreis**). É por isso que essas duas pessoas verbais são cada vez menos usadas no Português.

temos de fazermos?

Luiz Barros pergunta se o correto é "Nós temos que nos **conscientizarmos**" ou "Nós temos que nos **conscientizar**".

Prezado Luiz: "eu tenho de **fazer**", "tu tens de **fazer**", "nós temos de **fazer**", "eles têm de **fazer**" – note que o verbo **fazer** não se flexionou; isso sempre acontece com o último verbo à direita de qualquer locução verbal. A mesma coisa vai ocorrer na frase que você enviou: "Temos de nos **conscientizar**".

vigendo

Maria do Carmo, de Belo Horizonte (MG), estranha a frase "Vale a lei que estiver **vigendo**". Pergunta ela: "O correto não seria **vigindo**?"

Prezada Maria do Carmo: o verbo **viger**, nas formas que possui, segue o modelo normal da 2ª conjugação: **escrevendo**, **comendo**, **vigendo**. *Vigindo é erro de advogado de pouco estudo.

foi e fora

Roberto, de Cuiabá (MT), gostaria de saber quando se usa o mais-que-perfeito **fora**, pois sempre entende que o correto seria **foi**.

Prezado Roberto: jamais **fora** terá o mesmo sentido que **foi**; na verdade, ele é sinônimo de **tinha sido**, que é o mais-que-perfeito **composto**. "Quando fiz o convite, já era tarde: ela **fora** convidada por outro" (entenda-se: **tinha sido**). Não poderíamos usar **foi** em seu lugar, pois se trata de uma ação anterior àquela expressa pelo pretérito perfeito.

adivinha quem vem para jantar

Hélia D., de Goiânia (GO), quer saber qual a forma correta: "**Adivinha** quem vem para o jantar" ou "**Adivinhe** quem vem para o jantar"?

Prezada Hélia: se você chamar seu interlocutor de **você**, deve dizer "**Adivinhe** quem vem para jantar"; se o tratar por **tu**, dirá "**Adivinha** quem vem para jantar". Escolha.

flexão do infinitivo

O leitor Pedro Z., de Barra do Ouro (TO) quer saber qual é a forma correta: "As bolsas são capazes de **ter/terem** eficiência nominal".

Meu caro Pedro: as bolsas **são** capazes **de ter**, nós **somos** capazes **de ter**, tu **és** capaz **de ter** – note como só o primeiro verbo varia. Se o segundo também flexionasse, teríamos horrores como "*nós somos capazes de termos", "*tu és capaz de teres".

casar, casar-se

A leitora Natália S., de Aracruz (ES), quer saber se a forma correta é "Ela **casou** com o homem" ou "Ela **se casou** com o homem". Acrescenta: "Procurei e encontrei as duas formas. É isso mesmo?".

Sim, Natália, é do mesmo tipo de "ele **sentou** na cadeira" e "ele **se sentou** na cadeira". São verbos que podem (ou não) ser usados pronominalmente, sem que esse pronome tenha função sintática (ele é chamado, por isso, de "partícula expletiva").

prouve

> A leitora Cecília K. estranhou muito a frase "**Prouvera** a Deus que ele voltasse". Pergunta ela, curiosa: "Mas que verbo é esse??!!".

Minha cara Cecília: trata-se do verbo **prazer**, forma variante de **aprazer** que, além de ser defectivo (só é conjugado na 3ª pessoa), é irregular nos tempos derivados do pretérito perfeito. Confesso que é esquisito mesmo, mas você já deve ter ouvido frases como "Faça como lhe **aprouver**".

baixai a gasolina

> Luiz A. Rech pergunta: "Aprendi uma oração que diz 'Oh! **Meu** Jesus, **perdoai**-nos, **livrai**-nos...'. Está certo empregar a 2ª pessoa do plural?".

Meu caro Luiz: nessa oração, Jesus está sendo tratado como **vós**, como era o costume dos textos religiosos tradicionais (hoje a maior parte emprega a 3ª pessoa). Como no texto do pai-nosso que aprendíamos na escola: "Pai Nosso, que **estais** no céu"... No exemplo mencionado, estamos usando o imperativo: **perdoai**, **fazei**, **livrai-nos**. Não sei por que você grifou o **Meu** – esse pronome possessivo não tem a menor influência no tratamento que está sendo usado. Se ainda houvesse rei no Brasil, eu poderia dizer: "Meu Rei, **concedei**-me um aumento", ou "Meu Senhor, **baixai** o preço da gasolina" – sem a menor incompatibilidade.

emprego do futuro do pretérito

> Marco Antônio, de Belo Horizonte (MG), estranhou a frase "**Gostaria** de ser excluído desta lista". Diz ele: "Acredito que o tempo futuro do pretérito representa uma ação que não irá ocorrer. Se eu estou correto, a frase acima está errada".

Ora, Marco, como você está errado, a frase é que está correta. O Português sempre usou o futuro do pretérito como modalizador de **gentileza**, i. é, como uma forma quase obrigatória de atenuar um pedido que, feito de outra maneira, seria considerado impolido pela sociedade. Se prestarmos atenção em nossas leituras, veremos que Machado, Alencar, Macedo, Eça, Drummond, Guimarães Rosa – todos eles! – usam, por polidez, esse futuro do pretérito. "Eu **gostaria** de ser excluído dessa lista" é uma forma aceitável de dizer o que, em versão *hard*, seria "**quero** ser excluído dessa lista". É por isso que dizemos "o senhor **poderia** alcançar o sal?", "eu não **saberia** responder neste momento", "eu não **diria** isso", e assim por diante. Examine, numa boa gramática, o capítulo sobre "Emprego de tempos e modos"; vai encontrar isso bem explicadinho ali.

redescubramos

> Carlos Pinto gostaria de saber se a frase "É preciso que **redescobrimos** a Páscoa" está correta.

Prezado Carlos: "É preciso que **redescubramos** a Páscoa". O fato de ser uma oração subordinada exige o verbo no **subjuntivo**: "É preciso que nós **façamos**" (e não ***fazemos**), "É preciso que nós **viajemos**" (e não ***viajamos**). O presente do subjuntivo de **redescobrir** é que eu **redescubra**, que tu **redescubras**, que nós **redescubramos**.

indicativo *versus* subjuntivo

> Ana Paula C. gostaria de saber se as frases "A firma gera produtos que **produzem** lucros" e "A firma tem o objetivo de gerar produtos que **produzam** lucros" estão corretas; elas aparecem em páginas diferentes no seu livro de Economia, o que gerou sua dúvida.

Prezada Ana Paula: a diferença entre elas é que a primeira está no **indicativo**, e a segunda está (como deveria estar) no **subjuntivo**: "Os alunos que **leem** jornal" está para "Quero alunos que **leiam** jornal" assim como "A firma gera produtos que **produzem** lucros" (indicativo – fato real) está para "A firma tem por objetivo gerar produtos que **produzam** lucros" (subjuntivo – fato hipotético). Seu livro está correto, não se preocupe.

Sobre o autor

Cláudio Primo Alves Moreno nasceu em Rio Grande, RS, em 1946, filho de Joaquim Alves Moreno e Anália Primo Alves Moreno. É casado e pai de sete filhos. É membro da Academia Rio-Grandense de Letras e da Academia Brasileira de Filologia.

Fez sua formação básica no Colégio de Aplicação da UFRGS. Na mesma Universidade, licenciou-se em Letras em 1969, com habilitação de Língua Portuguesa, Literaturas de Língua Portuguesa, Língua e Literatura Grega. Em 1977, concluiu o Curso de Mestrado em Língua Portuguesa da UFRGS, com a dissertação "Os diminutivos em –inho e –zinho e a delimitação do vocábulo nominal no Português", sob a orientação de Albio de Bem Veiga. Em 1997, obteve o título de Doutor em Letras pela PUCRS, com a tese "Morfologia Nominal do Português", sob orientação de Leda Bisol. Do jardim-de-infância à universidade, estudou toda sua vida em escolas públicas e gratuitas, razão pela qual, sentindo-se em dívida para com aqueles que indiretamente custearam sua educação, resolveu, como uma pequena retribuição por aquilo que recebeu, criar e manter o site Sua Língua, dedicado a questões de nosso idioma (www.sualingua.com.br).

Em Porto Alegre, lecionou no Colégio Israelita Brasileiro, no Instituto João XXIII e no Colégio Anchieta e supervisionou a criação do Colégio Leonardo da Vinci. Ingressou como docente no Departamento de Letras Clássicas e Vernáculas do Instituto de Letras da

UFRGS em 1972, aposentando-se em 1996. Na UFRGS, foi responsável por várias disciplinas nos cursos de Licenciatura de Letras e Comunicação, assim como pela disciplina de Redação de Tese dos cursos de pós-graduação de Medicina. Na PUCRS, ministrou aulas de Língua Portuguesa no curso de Ciências Jurídicas e Sociais. Na Universidade Estácio de Sá, do Rio de Janeiro, lecionou no programa de Teleaulas de Língua Portuguesa.

Na imprensa, assinou uma coluna mensal sobre etimologia na revista *Mundo Estranho*, da Abril, e escreve regularmente no jornal *Zero Hora*, de Porto Alegre, onde publica quinzenalmente, há duas décadas, uma seção sobre etimologia, filologia e questões de linguagem.

Publicou, em coautoria, livros sobre a área da redação – *Redação técnica* (Formação), *Curso básico de redação* (Ática) e *Português para convencer* (Ática). Sobre gramática, publicou o *Guia prático do Português correto* pela L&PM, em quatro volumes: *Ortografia* (2003), *Morfologia* (2004), *Sintaxe* (2005) e *Pontuação* (2010). Pela mesma editora, lançou *O prazer das palavras* – v. 1 (2007), v. 2 (2008) e v. 3 (2013) – com artigos sobre etimologia e curiosidades da língua portuguesa. Além disso, é o autor do romance *A guerra de Troia* (lançado em 2004 como *Troia*) e de três livros de crônicas sobre a cultura do Mundo Clássico: *Um rio que vem da Grécia*, em 2004; *100 lições para viver melhor*, em 2008 (Prêmio Açorianos 2009); e *Noites gregas*, em 2015 (Prêmio AGE 2016), todos pela L&PM Editores.

Contato: cmoreno.br@gmail.com

Coleção L&PM POCKET (Lançamentos mais recentes)

479. **A arte de escrever** – Arthur Schopenhauer
480. **Pinóquio** – Carlo Collodi
481. **Misto-quente** – Bukowski
482. **A lua na sarjeta** – David Goodis
483. **O melhor do Recruta Zero (1)** – Mort Walker
484. **Aline: TPM – tensão pré-monstrual (2)** – Adão Iturrusgarai
485. **Sermões do Padre Antonio Vieira**
486. **Garfield numa boa (4)** – Jim Davis
487. **Mensagem** – Fernando Pessoa
488. **Vendeta** *seguido de* **A paz conjugal** – Balzac
489. **Poemas de Alberto Caeiro** – Fernando Pessoa
490. **Ferragus** – Honoré de Balzac
491. **A duquesa de Langeais** – Honoré de Balzac
492. **A menina dos olhos de ouro** – Honoré de Balzac
493. **O lírio do vale** – Honoré de Balzac
497. **A noite das bruxas** – Agatha Christie
498. **Um passe de mágica** – Agatha Christie
499. **Nêmesis** – Agatha Christie
500. **Esboço para uma teoria das emoções** – Sartre
501. **Renda básica de cidadania** – Eduardo Suplicy
502(1). **Pílulas para viver melhor** – Dr. Lucchese
503(2). **Pílulas para prolongar a juventude** – Dr. Lucchese
504(3). **Desembarcando o diabetes** – Dr. Lucchese
505(4). **Desembarcando o sedentarismo** – Dr. Fernando Lucchese e Cláudio Castro
506(5). **Desembarcando a hipertensão** – Dr. Lucchese
507(6). **Desembarcando o colesterol** – Dr. Fernando Lucchese e Fernanda Lucchese
508. **Estudos de mulher** – Balzac
509. **O terceiro tira** – Flann O'Brien
510. **100 receitas de aves e ovos** – J. A. P. Machado
511. **Garfield em toneladas de diversão (5)** – Jim Davis
512. **Trem-bala** – Martha Medeiros
513. **Os cães ladram** – Truman Capote
514. **O Kama Sutra de Vatsyayana**
515. **O crime do Padre Amaro** – Eça de Queiroz
516. **Odes de Ricardo Reis** – Fernando Pessoa
517. **O inverno da nossa desesperança** – Steinbeck
518. **Piratas do Tietê (1)** – Laerte
519. **Rê Bordosa: do começo ao fim** – Angeli
520. **O Harlem é escuro** – Chester Himes
522. **Eugénie Grandet** – Balzac
523. **O último magnata** – F. Scott Fitzgerald
524. **Carol** – Patricia Highsmith
525. **100 receitas de patisseria** – Sílvio Lancellotti
527. **Tristessa** – Jack Kerouac
528. **O diamante do tamanho do Ritz** – F. Scott Fitzgerald
529. **As melhores histórias de Sherlock Holmes** – Arthur Conan Doyle
530. **Cartas a um jovem poeta** – Rilke
532. **O misterioso sr. Quin** – Agatha Christie
533. **Os analectos** – Confúcio
536. **Ascensão e queda de César Birotteau** – Balzac
537. **Sexta-feira negra** – David Goodis
538. **Ora bolas – O humor de Mario Quintana** – Juarez Fonseca
539. **Longe daqui aqui mesmo** – Antonio Bivar
540. **É fácil matar** – Agatha Christie
541. **O pai Goriot** – Balzac
542. **Brasil, um país do futuro** – Stefan Zweig
543. **O processo** – Kafka
544. **O melhor de Hagar 4** – Dik Browne
545. **Por que não pediram a Evans?** – Agatha Christie
546. **Fanny Hill** – John Cleland
547. **O gato por dentro** – William S. Burroughs
548. **Sobre a brevidade da vida** – Sêneca
549. **Geraldão (1)** – Glauco
550. **Piratas do Tietê (2)** – Laerte
551. **Pagando o pato** – Ciça
552. **Garfield de bom humor (6)** – Jim Davis
553. **Conhece o Mário?** vol.1 – Santiago
554. **Radicci 6** – Iotti
555. **Os subterrâneos** – Jack Kerouac
556(1). **Balzac** – François Taillandier
557(2). **Modigliani** – Christian Parisot
558(3). **Kafka** – Gérard-Georges Lemaire
559(4). **Júlio César** – Joël Schmidt
560. **Receitas da família** – J. A. Pinheiro Machado
561. **Boas maneiras à mesa** – Celia Ribeiro
562(9). **Filhos sadios, pais felizes** – R. Pagnoncelli
563(10). **Fatos & mitos** – Dr. Fernando Lucchese
564. **Ménage à trois** – Paula Taitelbaum
565. **Mulheres!** – David Coimbra
566. **Poemas de Álvaro de Campos** – Fernando Pessoa
567. **Medo e outras histórias** – Stefan Zweig
568. **Snoopy e sua turma (1)** – Schulz
569. **Piadas para sempre (1)** – Visconde da Casa Verde
570. **O alvo móvel** – Ross Macdonald
571. **O melhor do Recruta Zero (2)** – Mort Walker
572. **Um sonho americano** – Norman Mailer
573. **Os broncos também amam** – Angeli
574. **Crônica de um amor louco** – Bukowski
575(5). **Freud** – René Major e Chantal Talagrand
576(6). **Picasso** – Gilles Plazy
577(7). **Gandhi** – Christine Jordis
578. **A tumba** – H. P. Lovecraft
579. **O príncipe e o mendigo** – Mark Twain
580. **Garfield, um charme de gato (7)** – Jim Davis
581. **Ilusões perdidas** – Balzac
582. **Esplendores e misérias das cortesãs** – Balzac
583. **Walter Ego** – Angeli
584. **Striptiras (1)** – Laerte
585. **Fagundes: um puxa-saco de mão cheia** – Laerte

586. **Depois do último trem** – Josué Guimarães
587. **Ricardo III** – Shakespeare
588. **Dona Anja** – Josué Guimarães
589. **24 horas na vida de uma mulher** – Stefan Zweig
591. **Mulher no escuro** – Dashiell Hammett
592. **No que acredito** – Bertrand Russell
593. **Odisseia (1): Telemaquia** – Homero
594. **O cavalo cego** – Josué Guimarães
595. **Henrique V** – Shakespeare
596. **Fabulário geral do delírio cotidiano** – Bukowski
597. **Tiros na noite 1: A mulher do bandido** – Dashiell Hammett
598. **Snoopy em Feliz Dia dos Namorados! (2)** – Schulz
600. **Crime e castigo** – Dostoiévski
601. **Mistério no Caribe** – Agatha Christie
602. **Odisseia (2): Regresso** – Homero
603. **Piadas para sempre (2)** – Visconde da Casa Verde
604. **À sombra do vulcão** – Malcolm Lowry
605(8). **Kerouac** – Yves Buin
606. **E agora são cinzas** – Angeli
607. **As mil e uma noites** – Paulo Caruso
608. **Um assassino entre nós** – Ruth Rendell
609. **Crack-up** – F. Scott Fitzgerald
610. **Do amor** – Stendhal
611. **Cartas do Yage** – William Burroughs e Allen Ginsberg
612. **Striptiras (2)** – Laerte
613. **Henry & June** – Anaïs Nin
614. **A piscina mortal** – Ross Macdonald
615. **Geraldão (2)** – Glauco
616. **Tempo de delicadeza** – A. R. de Sant'Anna
617. **Tiros na noite 2: Medo de tiro** – Dashiell Hammett
618. **Snoopy em Assim é a vida, Charlie Brown! (3)** – Schulz
619. **1954 – Um tiro no coração** – Hélio Silva
620. **Sobre a inspiração poética (Íon) e ...** – Platão
621. **Garfield e seus amigos (8)** – Jim Davis
622. **Odisseia (3): Ítaca** – Homero
623. **A louca matança** – Chester Himes
624. **Factótum** – Bukowski
625. **Guerra e Paz: volume 1** – Tolstói
626. **Guerra e Paz: volume 2** – Tolstói
627. **Guerra e Paz: volume 3** – Tolstói
628. **Guerra e Paz: volume 4** – Tolstói
629(9). **Shakespeare** – Claude Mourthé
630. **Bem está o que bem acaba** – Shakespeare
631. **O contrato social** – Rousseau
632. **Geração Beat** – Jack Kerouac
633. **Snoopy: É Natal! (4)** – Charles Schulz
634. **Testemunha da acusação** – Agatha Christie
635. **Um elefante no caos** – Millôr Fernandes
636. **Guia de leitura (100 autores que você precisa ler)** – Organização de Léa Masina
637. **Pistoleiros também mandam flores** – David Coimbra
638. **O prazer das palavras** – vol. 1 – Cláudio Moreno
639. **O prazer das palavras** – vol. 2 – Cláudio Moreno
640. **Novíssimo testamento: com Deus e o diabo, a dupla da criação** – Iotti
641. **Literatura Brasileira: modos de usar** – Luís Augusto Fischer
642. **Dicionário de Porto-Alegrês** – Luís A. Fischer
643. **Clô Dias & Noites** – Sérgio Jockymann
644. **Memorial de Isla Negra** – Pablo Neruda
645. **Um homem extraordinário e outras histórias** – Tchékhov
646. **Ana sem terra** – Alcy Cheuiche
647. **Adultérios** – Woody Allen
651. **Snoopy: Posso fazer uma pergunta, professora? (5)** – Charles Schulz
652(10). **Luís XVI** – Bernard Vincent
653. **O mercador de Veneza** – Shakespeare
654. **Cancioneiro** – Fernando Pessoa
655. **Non-Stop** – Martha Medeiros
656. **Carpinteiros, levantem bem alto a cumeeira & Seymour, uma apresentação** – J.D.Salinger
657. **Ensaios céticos** – Bertrand Russell
658. **O melhor de Hagar 5** – Dik e Chris Browne
659. **Primeiro amor** – Ivan Turguêniev
660. **A trégua** – Mario Benedetti
661. **Um parque de diversões da cabeça** – Lawrence Ferlinghetti
662. **Aprendendo a viver** – Sêneca
663. **Garfield, um gato em apuros (9)** – Jim Davis
664. **Dilbert (1)** – Scott Adams
666. **A imaginação** – Jean-Paul Sartre
667. **O ladrão e os cães** – Naguib Mahfuz
669. **A volta do parafuso** seguido de **Daisy Miller** – Henry James
670. **Notas do subsolo** – Dostoiévski
671. **Abobrinhas da Brasilônia** – Glauco
672. **Geraldão (3)** – Glauco
673. **Piadas para sempre (3)** – Visconde da Casa Verde
674. **Duas viagens ao Brasil** – Hans Staden
676. **A arte da guerra** – Maquiavel
677. **Além do bem e do mal** – Nietzsche
678. **O coronel Chabert** seguido de **A mulher abandonada** – Balzac
679. **O sorriso de marfim** – Ross Macdonald
680. **100 receitas de pescados** – Sílvio Lancellotti
681. **O juiz e seu carrasco** – Friedrich Dürrenmatt
682. **Noites brancas** – Dostoiévski
683. **Quadras ao gosto popular** – Fernando Pessoa
685. **Kaos** – Millôr Fernandes
686. **A pele de onagro** – Balzac
687. **As ligações perigosas** – Choderlos de Laclos
689. **Os Lusíadas** – Luís Vaz de Camões
690(11). **Átila** – Éric Deschodt
691. **Um jeito tranquilo de matar** – Chester Himes
692. **A felicidade conjugal** seguido de **O diabo** – Tolstói
693. **Viagem de um naturalista ao redor do mundo** – vol. 1 – Charles Darwin

694. **Viagem de um naturalista ao redor do mundo** – vol. 2 – Charles Darwin
695. **Memórias da casa dos mortos** – Dostoiévski
696. **A Celestina** – Fernando de Rojas
697. **Snoopy: Como você é azarado, Charlie Brown! (6)** – Charles Schulz
698. **Dez (quase) amores** – Claudia Tajes
699. **Poirot sempre espera** – Agatha Christie
701. **Apologia de Sócrates** precedido de **Êutifron** e seguido de **Críton** – Platão
702. **Wood & Stock** – Angeli
703. **Striptiras (3)** – Laerte
704. **Discurso sobre a origem e os fundamentos da desigualdade entre os homens** – Rousseau
705. **Os duelistas** – Joseph Conrad
706. **Dilbert (2)** – Scott Adams
707. **Viver e escrever** (vol. 1) – Edla van Steen
708. **Viver e escrever** (vol. 2) – Edla van Steen
709. **Viver e escrever** (vol. 3) – Edla van Steen
710. **A teia da aranha** – Agatha Christie
711. **O banquete** – Platão
712. **Os belos e malditos** – F. Scott Fitzgerald
713. **Libelo contra a arte moderna** – Salvador Dalí
714. **Akropolis** – Valerio Massimo Manfredi
715. **Devoradores de mortos** – Michael Crichton
716. **Sob o sol da Toscana** – Frances Mayes
717. **Batom na cueca** – Nani
718. **Vida dura** – Claudia Tajes
719. **Carne trêmula** – Ruth Rendell
720. **Cris, a fera** – David Coimbra
721. **O anticristo** – Nietzsche
722. **Como um romance** – Daniel Pennac
723. **Emboscada no Forte Bragg** – Tom Wolfe
724. **Assédio sexual** – Michael Crichton
725. **O espírito do Zen** – Alan W.Watts
726. **Um bonde chamado desejo** – Tennessee Williams
727. **Como gostais** seguido de **Conto de inverno** – Shakespeare
728. **Tratado sobre a tolerância** – Voltaire
729. **Snoopy: Doces ou travessuras? (7)** – Charles Schulz
730. **Cardápios do Anonymus Gourmet** – J.A. Pinheiro Machado
731. **100 receitas com lata** – J.A. Pinheiro Machado
732. **Conhece o Mário?** vol.2 – Santiago
733. **Dilbert (3)** – Scott Adams
734. **História de um louco amor** seguido de **Passado amor** – Horacio Quiroga
735. (11). **Sexo: muito prazer** – Laura Meyer da Silva
736. (12). **Para entender o adolescente** – Dr. Ronald Pagnoncelli
737. (13). **Desembarcando a tristeza** – Dr. Fernando Lucchese
738. **Poirot e o mistério da arca espanhola & outras histórias** – Agatha Christie
739. **A última legião** – Valerio Massimo Manfredi
741. **Sol nascente** – Michael Crichton
742. **Duzentos ladrões** – Dalton Trevisan
743. **Os devaneios do caminhante solitário** – Rousseau
744. **Garfield, o rei da preguiça (10)** – Jim Davis
745. **Os magnatas** – Charles R. Morris
746. **Pulp** – Charles Bukowski
747. **Enquanto agonizo** – William Faulkner
748. **Aline: viciada em sexo (3)** – Adão Iturrusgarai
749. **A dama do cachorrinho** – Anton Tchékhov
750. **Tito Andrônico** – Shakespeare
751. **Antologia poética** – Anna Akhmátova
752. **O melhor de Hagar 6** – Dik e Chris Browne
753. (12). **Michelangelo** – Nadine Sautel
754. **Dilbert (4)** – Scott Adams
755. **O jardim das cerejeiras** seguido de **Tio Vânia** – Tchékhov
756. **Geração Beat** – Claudio Willer
757. **Santos Dumont** – Alcy Cheuiche
758. **Budismo** – Claude B. Levenson
759. **Cleópatra** – Christian-Georges Schwentzel
760. **Revolução Francesa** – Frédéric Bluche, Stéphane Rials e Jean Tulard
761. **A crise de 1929** – Bernard Gazier
762. **Sigmund Freud** – Edson Sousa e Paulo Endo
763. **Império Romano** – Patrick Le Roux
764. **Cruzadas** – Cécile Morrisson
765. **O mistério do Trem Azul** – Agatha Christie
768. **Senso comum** – Thomas Paine
769. **O parque dos dinossauros** – Michael Crichton
770. **Trilogia da paixão** – Goethe
773. **Snoopy: No mundo da lua! (8)** – Charles Schulz
774. **Os Quatro Grandes** – Agatha Christie
775. **Um brinde de cianureto** – Agatha Christie
776. **Súplicas atendidas** – Truman Capote
779. **A viúva imortal** – Millôr Fernandes
780. **Cabala** – Roland Goetschel
781. **Capitalismo** – Claude Jessua
782. **Mitologia grega** – Pierre Grimal
783. **Economia: 100 palavras-chave** – Jean-Paul Betbèze
784. **Marxismo** – Henri Lefebvre
785. **Punição para a inocência** – Agatha Christie
786. **A extravagância do morto** – Agatha Christie
787. (13). **Cézanne** – Bernard Fauconnier
788. **A identidade Bourne** – Robert Ludlum
789. **Da tranquilidade da alma** – Sêneca
790. **Um artista da fome** seguido de **Na colônia penal e outras histórias** – Kafka
791. **Histórias de fantasmas** – Charles Dickens
796. **O Uraguai** – Basílio da Gama
797. **A mão misteriosa** – Agatha Christie
798. **Testemunha ocular do crime** – Agatha Christie
799. **Crepúsculo dos ídolos** – Friedrich Nietzsche
802. **O grande golpe** – Dashiell Hammett
803. **Humor barra pesada** – Nani
804. **Vinho** – Jean-François Gautier
805. **Egito Antigo** – Sophie Desplancques
806. (14). **Baudelaire** – Jean-Baptiste Baronian
807. **Caminho da sabedoria, caminho da paz** – Dalai Lama e Felizitas von Schönborn
808. **Senhor e servo e outras histórias** – Tolstói
809. **Os cadernos de Malte Laurids Brigge** – Rilke
810. **Dilbert (5)** – Scott Adams

811. **Big Sur** – Jack Kerouac
812. **Seguindo a correnteza** – Agatha Christie
813. **O álibi** – Sandra Brown
814. **Montanha-russa** – Martha Medeiros
815. **Coisas da vida** – Martha Medeiros
816. **A cantada infalível** seguido de **A mulher do centroavante** – David Coimbra
819. **Snoopy: Pausa para a soneca (9)** – Charles Schulz
820. **De pernas pro ar** – Eduardo Galeano
821. **Tragédias gregas** – Pascal Thiercy
822. **Existencialismo** – Jacques Colette
823. **Nietzsche** – Jean Granier
824. **Amar ou depender?** – Walter Riso
825. **Darmapada: A doutrina budista em versos**
826. **J'Accuse...! – a verdade em marcha** – Zola
827. **Os crimes ABC** – Agatha Christie
828. **Um gato entre os pombos** – Agatha Christie
831. **Dicionário de teatro** – Luiz Paulo Vasconcellos
832. **Cartas extraviadas** – Martha Medeiros
833. **A longa viagem de prazer** – J. J. Morosoli
834. **Receitas fáceis** – J. A. Pinheiro Machado
835.(14).**Mais fatos & mitos** – Dr. Fernando Lucchese
836.(15).**Boa viagem!** – Dr. Fernando Lucchese
837. **Aline: Finalmente nua!!!** (4) – Adão Iturrusgarai
838. **Mônica tem uma novidade!** – Mauricio de Sousa
839. **Cebolinha em apuros!** – Mauricio de Sousa
840. **Sócios no crime** – Agatha Christie
841. **Bocas do tempo** – Eduardo Galeano
842. **Orgulho e preconceito** – Jane Austen
843. **Impressionismo** – Dominique Lobstein
844. **Escrita chinesa** – Viviane Alleton
845. **Paris: uma história** – Yvan Combeau
846.(15).**Van Gogh** – David Haziot
848. **Portal do destino** – Agatha Christie
849. **O futuro de uma ilusão** – Freud
850. **O mal-estar na cultura** – Freud
853. **Um crime adormecido** – Agatha Christie
854. **Satori em Paris** – Jack Kerouac
855. **Medo e delírio em Las Vegas** – Hunter Thompson
856. **Um negócio fracassado e outros contos de humor** – Tchékhov
857. **Mônica está de férias!** – Mauricio de Sousa
858. **De quem é esse coelho?** – Mauricio de Sousa
860. **O mistério Sittaford** – Agatha Christie
861. **Manhã transfigurada** – L. A. de Assis Brasil
862. **Alexandre, o Grande** – Pierre Briant
863. **Jesus** – Charles Perrot
864. **Islã** – Paul Balta
865. **Guerra da Secessão** – Farid Ameur
866. **Um rio que vem da Grécia** – Cláudio Moreno
868. **Assassinato na casa do pastor** – Agatha Christie
869. **Manual do líder** – Napoleão Bonaparte
870.(16).**Billie Holiday** – Sylvia Fol
871. **Bidu arrasando!** – Mauricio de Sousa
872. **Os Sousa: Desventuras em família** – Mauricio de Sousa
874. **E no final a morte** – Agatha Christie
875. **Guia prático do Português correto – vol. 4** – Cláudio Moreno

876. **Dilbert (6)** – Scott Adams
877.(17).**Leonardo da Vinci** – Sophie Chauveau
878. **Bella Toscana** – Frances Mayes
879. **A arte da ficção** – David Lodge
880. **Striptiras (4)** – Laerte
881. **Skrotinhos** – Angeli
882. **Depois do funeral** – Agatha Christie
883. **Radicci 7** – Iotti
884. **Walden** – H. D. Thoreau
885. **Lincoln** – Allen C. Guelzo
886. **Primeira Guerra Mundial** – Michael Howard
887. **A linha de sombra** – Joseph Conrad
888. **O amor é um cão dos diabos** – Bukowski
890. **Despertar: uma vida de Buda** – Jack Kerouac
891.(18).**Albert Einstein** – Laurent Seksik
892. **Hell's Angels** – Hunter Thompson
893. **Ausência na primavera** – Agatha Christie
894. **Dilbert (7)** – Scott Adams
895. **Ao sul de lugar nenhum** – Bukowski
896. **Maquiavel** – Quentin Skinner
897. **Sócrates** – C.C.W. Taylor
899. **O Natal de Poirot** – Agatha Christie
900. **As veias abertas da América Latina** – Eduardo Galeano
901. **Snoopy: Sempre alerta! (10)** – Charles Schulz
902. **Chico Bento: Plantando confusão** – Mauricio de Sousa
903. **Penadinho: Quem é morto sempre aparece** – Mauricio de Sousa
904. **A vida sexual da mulher feia** – Claudia Tajes
905. **100 segredos de liquidificador** – José Antonio Pinheiro Machado
906. **Sexo muito prazer 2** – Laura Meyer da Silva
907. **Os nascimentos** – Eduardo Galeano
908. **As caras e as máscaras** – Eduardo Galeano
909. **O século do vento** – Eduardo Galeano
910. **Poirot perde uma cliente** – Agatha Christie
911. **Cérebro** – Michael O'Shea
912. **O escaravelho de ouro e outras histórias** – Edgar Allan Poe
913. **Piadas para sempre (4)** – Visconde da Casa Verde
914. **100 receitas de massas light** – Helena Tonetto
915.(19).**Oscar Wilde** – Daniel Salvatore Schiffer
916. **Uma breve história do mundo** – H. G. Wells
917. **A Casa do Penhasco** – Agatha Christie
918. **John M. Keynes** – Bernard Gazier
920.(20).**Virginia Woolf** – Alexandra Lemasson
921. **Peter e Wendy** seguido de **Peter Pan em Kensington Gardens** – J. M. Barrie
922. **Aline: numas de colegial (5)** – Adão Iturrusgarai
923. **Uma dose mortal** – Agatha Christie
924. **Os trabalhos de Hércules** – Agatha Christie
926. **Kant** – Roger Scruton
927. **A inocência do Padre Brown** – G.K. Chesterton
928. **Casa Velha** – Machado de Assis
929. **Marcas da nascença** – Nancy Huston
930. **Aulete de bolso**
931. **Hora Zero** – Agatha Christie

932. **Morte na Mesopotâmia** – Agatha Christie
934. **Nem te conto, João** – Dalton Trevisan
935. **As aventuras de Huckleberry Finn** – Mark Twain
936(21). **Marilyn Monroe** – Anne Plantagenet
937. **China moderna** – Rana Mitter
938. **Dinossauros** – David Norman
939. **Louca por homem** – Claudia Tajes
940. **Amores de alto risco** – Walter Riso
941. **Jogo de damas** – David Coimbra
942. **Filha é filha** – Agatha Christie
943. **M ou N?** – Agatha Christie
945. **Bidu: diversão em dobro!** – Mauricio de Sousa
946. **Fogo** – Anaïs Nin
947. **Rum: diário de um jornalista bêbado** – Hunter Thompson
948. **Persuasão** – Jane Austen
949. **Lágrimas na chuva** – Sergio Faraco
950. **Mulheres** – Bukowski
951. **Um pressentimento funesto** – Agatha Christie
952. **Cartas na mesa** – Agatha Christie
954. **O lobo do mar** – Jack London
955. **Os gatos** – Patricia Highsmith
956(22). **Jesus** – Christiane Rancé
957. **História da medicina** – William Bynum
958. **O Morro dos Ventos Uivantes** – Emily Brontë
959. **A filosofia na era trágica dos gregos** – Nietzsche
960. **Os treze problemas** – Agatha Christie
961. **A massagista japonesa** – Moacyr Scliar
963. **Humor do miserê** – Nani
964. **Todo o mundo tem dúvida, inclusive você** – Édison de Oliveira
965. **A dama do Bar Nevada** – Sergio Faraco
969. **O psicopata americano** – Bret Easton Ellis
970. **Ensaios de amor** – Alain de Botton
971. **O grande Gatsby** – F. Scott Fitzgerald
972. **Por que não sou cristão** – Bertrand Russell
973. **A Casa Torta** – Agatha Christie
974. **Encontro com a morte** – Agatha Christie
975(23). **Rimbaud** – Jean-Baptiste Baronian
976. **Cartas na rua** – Bukowski
977. **Memória** – Jonathan K. Foster
978. **A abadia de Northanger** – Jane Austen
979. **As pernas de Úrsula** – Claudia Tajes
980. **Retrato inacabado** – Agatha Christie
981. **Solanin (1)** – Inio Asano
982. **Solanin (2)** – Inio Asano
983. **Aventuras de menino** – Mitsuru Adachi
984(16). **Fatos & mitos sobre sua alimentação** – Dr. Fernando Lucchese
985. **Teoria quântica** – John Polkinghorne
986. **O eterno marido** – Fiódor Dostoiévski
987. **Um safado em Dublin** – J. P. Donleavy
988. **Mirinha** – Dalton Trevisan
989. **Akhenaton e Nefertiti** – Carmen Seganfredo e A. S. Franchini
990. **On the Road – o manuscrito original** – Jack Kerouac
991. **Relatividade** – Russell Stannard
992. **Abaixo de zero** – Bret Easton Ellis
993(24). **Andy Warhol** – Mériam Korichi
995. **Os últimos casos de Miss Marple** – Agatha Christie
996. **Nico Demo: Aí vem encrenca** – Mauricio de Sousa
998. **Rousseau** – Robert Wokler
999. **Noite sem fim** – Agatha Christie
1000. **Diários de Andy Warhol (1)** – Editado por Pat Hackett
1001. **Diários de Andy Warhol (2)** – Editado por Pat Hackett
1002. **Cartier-Bresson: o olhar do século** – Pierre Assouline
1003. **As melhores histórias da mitologia: vol. 1** – A.S. Franchini e Carmen Seganfredo
1004. **As melhores histórias da mitologia: vol. 2** – A.S. Franchini e Carmen Seganfredo
1005. **Assassinato no beco** – Agatha Christie
1006. **Convite para um homicídio** – Agatha Christie
1008. **História da vida** – Michael J. Benton
1009. **Jung** – Anthony Stevens
1010. **Arsène Lupin, ladrão de casaca** – Maurice Leblanc
1011. **Dublinenses** – James Joyce
1012. **120 tirinhas da Turma da Mônica** – Mauricio de Sousa
1013. **Antologia poética** – Fernando Pessoa
1014. **A aventura de um cliente ilustre** *seguido de* **O último adeus de Sherlock Holmes** – Sir Arthur Conan Doyle
1015. **Cenas de Nova York** – Jack Kerouac
1016. **A corista** – Anton Tchékhov
1017. **O diabo** – Leon Tolstói
1018. **Fábulas chinesas** – Sérgio Capparelli e Márcia Schmaltz
1019. **O gato do Brasil** – Sir Arthur Conan Doyle
1020. **Missa do Galo** – Machado de Assis
1021. **O mistério de Marie Rogêt** – Edgar Allan Poe
1022. **A mulher mais linda da cidade** – Bukowski
1023. **O retrato** – Nicolai Gogol
1024. **O conflito** – Agatha Christie
1025. **Os primeiros casos de Poirot** – Agatha Christie
1027(25). **Beethoven** – Bernard Fauconnier
1028. **Platão** – Julia Annas
1029. **Cleo e Daniel** – Roberto Freire
1030. **Til** – José de Alencar
1031. **Viagens na minha terra** – Almeida Garrett
1032. **Profissões para mulheres e outros artigos feministas** – Virginia Woolf
1033. **Mrs. Dalloway** – Virginia Woolf
1034. **O cão da morte** – Agatha Christie
1035. **Tragédia em três atos** – Agatha Christie
1037. **O fantasma da Ópera** – Gaston Leroux
1038. **Evolução** – Brian e Deborah Charlesworth
1039. **Medida por medida** – Shakespeare
1040. **Razão e sentimento** – Jane Austen
1041. **A obra-prima ignorada** *seguido de* **Um episódio durante o Terror** – Balzac
1042. **A fugitiva** – Anaïs Nin

1043. **As grandes histórias da mitologia greco--romana** – A. S. Franchini
1044. **O corno de si mesmo & outras historietas** – Marquês de Sade
1045. **Da felicidade** *seguido de* **Da vida retirada** – Sêneca
1046. **O horror em Red Hook e outras histórias** – H. P. Lovecraft
1047. **Noite em claro** – Martha Medeiros
1048. **Poemas clássicos chineses** – Li Bai, Du Fu e Wang Wei
1049. **A terceira moça** – Agatha Christie
1050. **Um destino ignorado** – Agatha Christie
1051.(26). **Buda** – Sophie Royer
1052. **Guerra Fria** – Robert J. McMahon
1053. **Simons's Cat: as aventuras de um gato travesso e comilão – vol. 1** – Simon Tofield
1054. **Simons's Cat: as aventuras de um gato travesso e comilão – vol. 2** – Simon Tofield
1055. **Só as mulheres e as baratas sobreviverão** – Claudia Tajes
1057. **Pré-história** – Chris Gosden
1058. **Pintou sujeira!** – Mauricio de Sousa
1059. **Contos de Mamãe Gansa** – Charles Perrault
1060. **A interpretação dos sonhos: vol. 1** – Freud
1061. **A interpretação dos sonhos: vol. 2** – Freud
1062. **Frufru Rataplã Dolores** – Dalton Trevisan
1063. **As melhores histórias da mitologia egípcia** – Carmem Seganfredo e A.S. Franchini
1064. **Infância. Adolescência. Juventude** – Tolstói
1065. **As consolações da filosofia** – Alain de Botton
1066. **Diários de Jack Kerouac – 1947-1954**
1067. **Revolução Francesa – vol. 1** – Max Gallo
1068. **Revolução Francesa – vol. 2** – Max Gallo
1069. **O detetive Parker Pyne** – Agatha Christie
1070. **Memórias do esquecimento** – Flávio Tavares
1071. **Drogas** – Leslie Iversen
1072. **Manual de ecologia (vol.2)** – J. Lutzenberger
1073. **Como andar no labirinto** – Affonso Romano de Sant'Anna
1074. **A orquídea e o serial killer** – Juremir Machado da Silva
1075. **Amor nos tempos de fúria** – Lawrence Ferlinghetti
1076. **A aventura do pudim de Natal** – Agatha Christie
1078. **Amores que matam** – Patricia Faur
1079. **Histórias de pescador** – Mauricio de Sousa
1080. **Pedaços de um caderno manchado de vinho** – Bukowski
1081. **A ferro e fogo: tempo de solidão (vol.1)** – Josué Guimarães
1082. **A ferro e fogo: tempo de guerra (vol.2)** – Josué Guimarães
1084.(17). **Desembarcando o Alzheimer** – Dr. Fernando Lucchese e Dra. Ana Hartmann
1085. **A maldição do espelho** – Agatha Christie
1086. **Uma breve história da filosofia** – Nigel Warburton
1088. **Heróis da História** – Will Durant
1089. **Concerto campestre** – L. A. de Assis Brasil
1090. **Morte nas nuvens** – Agatha Christie
1092. **Aventura em Bagdá** – Agatha Christie
1093. **O cavalo amarelo** – Agatha Christie
1094. **O método de interpretação dos sonhos** – Freud
1095. **Sonetos de amor e desamor** – Vários
1096. **120 tirinhas do Dilbert** – Scott Adams
1097. **200 fábulas de Esopo**
1098. **O curioso caso de Benjamin Button** – F. Scott Fitzgerald
1099. **Piadas para sempre: uma antologia para morrer de rir** – Visconde da Casa Verde
1100. **Hamlet (Mangá)** – Shakespeare
1101. **A arte da guerra (Mangá)** – Sun Tzu
1104. **As melhores histórias da Bíblia (vol.1)** – A. S. Franchini e Carmen Seganfredo
1105. **As melhores histórias da Bíblia (vol.2)** – A. S. Franchini e Carmen Seganfredo
1106. **Psicologia das massas e análise do eu** – Freud
1107. **Guerra Civil Espanhola** – Helen Graham
1108. **A autoestrada do sul e outras histórias** – Julio Cortázar
1109. **O mistério dos sete relógios** – Agatha Christie
1110. **Peanuts: Ninguém gosta de mim... (amor)** – Charles Schulz
1111. **Cadê o bolo?** – Mauricio de Sousa
1112. **O filósofo ignorante** – Voltaire
1113. **Totem e tabu** – Freud
1114. **Filosofia pré-socrática** – Catherine Osborne
1115. **Desejo de status** – Alain de Botton
1118. **Passageiro para Frankfurt** – Agatha Christie
1120. **Kill All Enemies** – Melvin Burgess
1121. **A morte da sra. McGinty** – Agatha Christie
1122. **Revolução Russa** – S. A. Smith
1123. **Até você, Capitu?** – Dalton Trevisan
1124. **O grande Gatsby (Mangá)** – F. S. Fitzgerald
1125. **Assim falou Zaratustra (Mangá)** – Nietzsche
1126. **Peanuts: É para isso que servem os amigos (amizade)** – Charles Schulz
1127.(27). **Nietzsche** – Dorian Astor
1128. **Bidu: Hora do banho** – Mauricio de Sousa
1129. **O melhor do Macanudo Taurino** – Santiago
1130. **Radicci 30 anos** – Iotti
1131. **Show de sabores** – J.A. Pinheiro Machado
1132. **O prazer das palavras** – vol. 3 – Cláudio Moreno
1133. **Morte na praia** – Agatha Christie
1134. **O fardo** – Agatha Christie
1135. **Manifesto do Partido Comunista (Mangá)** – Marx & Engels
1136. **A metamorfose (Mangá)** – Franz Kafka
1137. **Por que você não se casou... ainda** – Tracy McMillan
1138. **Textos autobiográficos** – Bukowski
1139. **A importância de ser prudente** – Oscar Wilde
1140. **Sobre a vontade na natureza** – Arthur Schopenhauer
1141. **Dilbert (8)** – Scott Adams
1142. **Entre dois amores** – Agatha Christie
1143. **Cipreste triste** – Agatha Christie
1144. **Alguém viu uma assombração?** – Mauricio de Sousa

1145. Mandela – Elleke Boehmer
1146. Retrato do artista quando jovem – James Joyce
1147. Zadig ou o destino – Voltaire
1148. O contrato social (Mangá) – J.-J. Rousseau
1149. Garfield fenomenal – Jim Davis
1150. A queda da América – Allen Ginsberg
1151. Música na noite & outros ensaios – Aldous Huxley
1152. Poesias inéditas & Poemas dramáticos – Fernando Pessoa
1153. Peanuts: Felicidade é... – Charles M. Schulz
1154. Mate-me por favor – Legs McNeil e Gillian McCain
1155. Assassinato no Expresso Oriente – Agatha Christie
1156. Um punhado de centeio – Agatha Christie
1157. A interpretação dos sonhos (Mangá) – Freud
1158. Peanuts: Você não entende o sentido da vida – Charles M. Schulz
1159. A dinastia Rothschild – Herbert R. Lottman
1160. A Mansão Hollow – Agatha Christie
1161. Nas montanhas da loucura – H.P. Lovecraft
1162. (28). Napoleão Bonaparte – Pascale Fautrier
1163. Um corpo na biblioteca – Agatha Christie
1164. Inovação – Mark Dodgson e David Gann
1165. O que toda mulher deve saber sobre os homens: a afetividade masculina – Walter Riso
1166. O amor está no ar – Mauricio de Sousa
1167. Testemunha de acusação & outras histórias – Agatha Christie
1168. Etiqueta de bolso – Celia Ribeiro
1169. Poesia reunida (volume 3) – Affonso Romano de Sant'Anna
1170. Emma – Jane Austen
1171. Que seja em segredo – Ana Miranda
1172. Garfield sem apetite – Jim Davis
1173. Garfield: Foi mal... – Jim Davis
1174. Os irmãos Karamázov (Mangá) – Dostoiévski
1175. O Pequeno Príncipe – Antoine de Saint-Exupéry
1176. Peanuts: Ninguém mais tem o espírito aventureiro – Charles M. Schulz
1177. Assim falou Zaratustra – Nietzsche
1178. Morte no Nilo – Agatha Christie
1179. Ê, soneca boa – Mauricio de Sousa
1180. Garfield a todo o vapor – Jim Davis
1181. Em busca do tempo perdido (Mangá) – Proust
1182. Cai o pano: o último caso de Poirot – Agatha Christie
1183. Livro para colorir e relaxar – Livro 1
1184. Para colorir sem parar
1185. Os elefantes não esquecem – Agatha Christie
1186. Teoria da relatividade – Albert Einstein
1187. Compêndio da psicanálise – Freud
1188. Visões de Gerard – Jack Kerouac
1189. Fim de verão – Mohiro Kitoh
1190. Procurando diversão – Mauricio de Sousa
1191. E não sobrou nenhum e outras peças – Agatha Christie
1192. Ansiedade – Daniel Freeman & Jason Freeman
1193. Garfield: pausa para o almoço – Jim Davis
1194. Contos do dia e da noite – Guy de Maupassant
1195. O melhor de Hagar 7 – Dik Browne
1196. (29). Lou Andreas-Salomé – Dorian Astor
1197. (30). Pasolini – René de Ceccatty
1198. O caso do Hotel Bertram – Agatha Christie
1199. Crônicas de motel – Sam Shepard
1200. Pequena filosofia da paz interior – Catherine Rambert
1201. Os sertões – Euclides da Cunha
1202. Treze à mesa – Agatha Christie
1203. Bíblia – John Riches
1204. Anjos – David Albert Jones
1205. As tirinhas do Guri de Uruguaiana 1 – Jair Kobe
1206. Entre aspas (vol.1) – Fernando Eichenberg
1207. Escrita – Andrew Robinson
1208. O spleen de Paris: pequenos poemas em prosa – Charles Baudelaire
1209. Satíricon – Petrônio
1210. O avarento – Molière
1211. Queimando na água, afogando-se na chama – Bukowski
1212. Miscelânea septuagenária: contos e poemas – Bukowski
1213. Que filosofar é aprender a morrer e outros ensaios – Montaigne
1214. Da amizade e outros ensaios – Montaigne
1215. O medo à espreita e outras histórias – H.P. Lovecraft
1216. A obra de arte na era de sua reprodutibilidade técnica – Walter Benjamin
1217. Sobre a liberdade – John Stuart Mill
1218. O segredo de Chimneys – Agatha Christie
1219. Morte na rua Hickory – Agatha Christie
1220. Ulisses (Mangá) – James Joyce
1221. Ateísmo – Julian Baggini
1222. Os melhores contos de Katherine Mansfield – Katherine Mansfied
1223. (31). Martin Luther King – Alain Foix
1224. Millôr Definitivo: uma antologia de *A Bíblia do Caos* – Millôr Fernandes
1225. O Clube das Terças-Feiras e outras histórias – Agatha Christie
1226. Por que sou tão sábio – Nietzsche
1227. Sobre a mentira – Platão
1228. Sobre a leitura *seguido do* Depoimento de Céleste Albaret – Proust
1229. O homem do terno marrom – Agatha Christie
1230. (32). Jimi Hendrix – Franck Médioni
1231. Amor e amizade e outras histórias – Jane Austen
1232. Lady Susan, Os Watson e Sanditon – Jane Austen

1233. Uma breve história da ciência – William Bynum
1234. Macunaíma: o herói sem nenhum caráter – Mário de Andrade
1235. A máquina do tempo – H.G. Wells
1236. O homem invisível – H.G. Wells
1237. Os 36 estratagemas: manual secreto da arte da guerra – Anônimo
1238. A mina de ouro e outras histórias – Agatha Christie
1239. Pic – Jack Kerouac
1240. O habitante da escuridão e outros contos – H.P. Lovecraft
1241. O chamado de Cthulhu e outros contos – H.P. Lovecraft
1242. O melhor de Meu reino por um cavalo! – Edição de Ivan Pinheiro Machado
1243. A guerra dos mundos – H.G. Wells
1244. O caso da criada perfeita e outras histórias – Agatha Christie
1245. Morte por afogamento e outras histórias – Agatha Christie
1246. Assassinato no Comitê Central – Manuel Vázquez Montalbán
1247. O papai é pop – Marcos Piangers
1248. O papai é pop 2 – Marcos Piangers
1249. A mamãe é rock – Ana Cardoso
1250. Paris boêmia – Dan Franck
1251. Paris libertária – Dan Franck
1252. Paris ocupada – Dan Franck
1253. Uma anedota infame – Dostoiévski
1254. O último dia de um condenado – Victor Hugo
1255. Nem só de caviar vive o homem – J.M. Simmel
1256. Amanhã é outro dia – J.M. Simmel
1257. Mulherzinhas – Louisa May Alcott
1258. Reforma Protestante – Peter Marshall
1259. História econômica global – Robert C. Allen
1260. (33). Che Guevara – Alain Foix
1261. Câncer – Nicholas James
1262. Akhenaton – Agatha Christie
1263. Aforismos para a sabedoria de vida – Arthur Schopenhauer
1264. Uma história do mundo – David Coimbra
1265. Ame e não sofra – Walter Riso
1266. Desapegue-se! – Walter Riso
1267. Os Sousa: Uma família do barulho – Mauricio de Sousa
1268. Nico Demo: O rei da travessura – Mauricio de Sousa
1269. Testemunha de acusação e outras peças – Agatha Christie
1270. (34). Dostoiévski – Virgil Tanase
1271. O melhor de Hagar 8 – Dik Browne
1272. O melhor de Hagar 9 – Dik Browne
1273. O melhor de Hagar 10 – Dik e Chris Browne
1274. Considerações sobre o governo representativo – John Stuart Mill
1275. O homem Moisés e a religião monoteísta – Freud
1276. Inibição, sintoma e medo – Freud
1277. Além do princípio de prazer – Freud
1278. O direito de dizer não! – Walter Riso
1279. A arte de ser flexível – Walter Riso
1280. Casados e descasados – August Strindberg
1281. Da Terra à Lua – Júlio Verne
1282. Minhas galerias e meus pintores – Kahnweiler
1283. A arte do romance – Virginia Woolf
1284. Teatro completo v. 1: As aves da noite seguido de O visitante – Hilda Hilst
1285. Teatro completo v. 2: O verdugo seguido de A morte do patriarca – Hilda Hilst
1286. Teatro completo v. 3: O rato no muro seguido de Auto da barca de Camiri – Hilda Hilst
1287. Teatro completo v. 4: A empresa seguido de O novo sistema – Hilda Hilst
1288. Sapiens: Uma breve história da humanidade – Yuval Noah Harari
1289. Fora de mim – Martha Medeiros
1290. Divã – Martha Medeiros
1291. Sobre a genealogia da moral: um escrito polêmico – Nietzsche
1292. A consciência de Zeno – Italo Svevo
1293. Células-tronco – Jonathan Slack
1294. O fim do ciúme e outros contos – Proust
1295. A jangada – Júlio Verne
1296. A ilha do dr. Moreau – H.G. Wells
1297. Ninho de fidalgos – Ivan Turguêniev
1298. Jane Eyre – Charlotte Brontë
1299. Sobre gatos – Bukowski
1300. Sobre o amor – Bukowski
1301. Escrever para não enlouquecer – Bukowski
1302. 222 receitas – J. A. Pinheiro Machado
1303. Reinações de Narizinho – Monteiro Lobato
1304. O Saci – Monteiro Lobato
1305. Memórias da Emília – Monteiro Lobato
1306. O Picapau Amarelo – Monteiro Lobato
1307. A reforma da Natureza – Monteiro Lobato
1308. Fábulas seguido de Histórias diversas – Monteiro Lobato
1309. Aventuras de Hans Staden – Monteiro Lobato
1310. Peter Pan – Monteiro Lobato
1311. Dom Quixote das crianças – Monteiro Lobato
1312. O Minotauro – Monteiro Lobato
1313. Um quarto só seu – Virginia Woolf
1314. Sonetos – Shakespeare
1315. (35). Thoreau – Marie Berthoumieu e Laura El Makki
1316. Teoria da arte – Cynthia Freeland
1317. A arte da prudência – Baltasar Gracián
1318. O louco seguido de Areia e espuma – Khalil Gibran
1319. O profeta seguido de O jardim do profeta – Khalil Gibran
1320. Jesus, o Filho do Homem – Khalil Gibran
1321. A luta – Norman Mailer
1322. Sobre o sofrimento do mundo e outros ensaios – Schopenhauer

lpmeditores
www.lpm.com.br
o site que conta tudo

IMPRESSÃO:

PALLOTTI
GRÁFICA

Santa Maria - RS | Fone: (55) 3220.4500
www.graficapallotti.com.br